RÉSEAU DI/

Collection dirigée p

Les Pensées
Pascal

Georges Bafaro
Inspecteur pédagogique régional honoraire de Lettres

ellipses

ISBN 978-2-7298-4035-8

32, rue Bargue 75740 Paris cedex 15

www.editions-ellipses.fr

Introduction

On étudie de moins en moins Pascal au lycée. Serait-ce que les adolescents d'aujourd'hui soient moins mûrs que0, ceux des années 1960 ? Rien n'est moins sûr. D'ailleurs, à consulter les cahiers de textes, on constate que d'autres écrivains du XVIIe siècle s'éloignent peu à peu de nous. Seuls Molière, Racine, La Fontaine et La Bruyère demeurent à leur poste et retiennent à ce point l'attention que les autres auteurs de cette époque sont désormais laissés dans la pénombre, à l'exception de quelques auteurs baroques qui semblent rentrer en grâce. Le nouveau programme de littérature en Terminale Lettres propose d'étudier *Les Pensées* de Pascal à des lycéens initiés en même temps aux grands problèmes philosophiques. L'intention est fort intéressante parce que cette œuvre soulève des questions vitales, d'une permanente actualité. On peut l'aimer ou la détester, elle ne laisse personne indifférent parce qu'elle pose des problèmes qui touchent au profond de notre vie.

Mais il n'est guère aisé à des élèves de disposer des prérequis culturels pour entrer dans un texte marqué par les polémiques de son époque, sans parler des difficultés liées à la langue. Toutefois le programme se limite aux premiers dossiers classés par l'auteur, de II à VIII, et demande de se pencher sur l'analyse qu'ils livrent de la nature humaine, sans entrer plus avant dans le projet proprement chrétien de Pascal. Nous n'aborderons donc ici qu'une partie des *Pensées*, celle où l'auteur se montre plus moraliste que croyant, si tant est que la distinction soit possible, et cela n'est pas évident. C'est pourquoi nous serons parfois contraint de nous référer à des fragments classés plus loin que le dossier VIII, dans la mesure où ils apportent une lumière indispensable. C'est le cas, par exemple, des pensées sur « le pari » ou « les deux infinis ».

Dans *Le Génie du christianism*e, Chateaubriand a célébré l'« effrayant génie » que fut Pascal, à la fois novateur en sciences, chrétien d'exception et penseur sublime. Cette vision, qu'il a fait partager aux nombreux lecteurs de *René* a eu la vie dure. Chateaubriand reprenait à son compte un certain nombre de faits extraordinaires propagés par la tradition familiale. Après la mort de son grand homme, sa famille a présenté de lui une image retouchée. Sa sœur Gilberte, en rédigeant une *Vie de M. Pascal*, en a donné une image idéale proche de l'hagiographie*[1]. Elle y affirme par exemple que l'enfant de douze ans avait trouvé tout seul les trente-deux premières propositions du géomètre grec Euclide. Ce n'est pas le cas. On a prétendu que l'écrivain souffrait d'une hallucination qui lui montrait à sa gauche un gouffre, et que cela le troublait si fort qu'il faisait disposer un fauteuil pour chasser cette vision. On a interprété comme un signe prémonitoire un accident de carrosse qu'il subit en passant sur un pont à Neuilly. Depuis un siècle, les historiens de la littérature se sont efforcés de rétablir des faits exacts et de débarrasser Pascal du vernis laudatif accumulé par ses admirateurs. Il est d'ailleurs à remarquer que, comme d'habitude pour les génies des lettres, chaque époque a voulu s'annexer Pascal et en a fait tour à tour un janséniste convaincu, un rationaliste, un sceptique, un conservateur, un révolté, un anarchiste et même… un antijanséniste ! Annexion d'autant plus aisée qu'en fonction de l'ordre qu'on adopte pour le recueil, on peut en donner une interpréta-

1. Les mots marqués d'un astérisque sont expliqués dans le lexique à la fin de cet opuscule.

tion qui corresponde aux questions qu'on se pose et aux réponses qu'on prétend y trouver.

Un autre élément rend l'étude des *Pensées* fascinante. L'œuvre étant restée inachevée, son état témoigne de l'activité créatrice de son auteur. Nous avons la chance de saisir un écrivain du XVIIe siècle en plein travail d'écriture, ce qui est exceptionnel puisque nous ne possédons aucun brouillon d'aucun autre écrivain de cette époque, pour qui la perfection avait seule droit de cité. Les ratures, repentirs, ajouts en marge, corrections, qui abondent dans les papiers laissés par Pascal sont d'un intérêt prodigieux pour ceux qui cherchent à approfondir la genèse d'un texte.

Nous nous proposons maintenant de préciser ou de rappeler d'abord quelques points qui constituent le contexte des *Pensées*. Puis nous aborderons le détail du texte au programme, avant de procéder à l'examen de quelques thèmes transversaux. Nous pourrons alors nous pencher sur la postérité de l'œuvre afin de mesurer son retentissement.

Première partie

Étude de l'œuvre

Le contexte historique

L'époque de Pascal est particulièrement troublée car c'est un temps où se heurtent en France les forces antagonistes que constituent, d'un côté, la volonté des familles nobles à conserver un pouvoir politique datant de la féodalité, et de l'autre, la mise en place méthodique d'un état centralisé de forme monarchique, dont l'aboutissement sera la monarchie absolue.

I. De la mort d'Henri IV à la mort de Louis XIII (1610-1643)

Quand Henri IV meurt sous le couteau de Ravaillac, le dauphin Louis n'a pas encore neuf ans. C'est sa mère, Marie de Médicis, qui est nommée régente. On peut parler d'une période de semi-anarchie en France. Face à une reine incompétente et influençable, les aristocrates, – on les appelle les Grands –, qui avaient pris des habitudes d'indépendance lors des guerres de religion, manifestent leur mépris à l'égard du gouvernement. Ils se font attribuer des pensions exorbitantes sur le Trésor public. Bientôt, les parlementaires, hauts magistrats chargés de contrôler l'administration et d'enregistrer les édits royaux (cf. 599[1]) revendiquent aussi une part du pouvoir. Dans le même temps, les Protestants veulent compter comme une force à part entière. Alors que 10 % seulement de la population française est de religion réformée, la moitié de la noblesse est protestante. L'édit de Nantes leur avait accordé des places fortes et le droit de constituer des milices dans de nombreuses villes, dont la plus peuplée est La Rochelle. Ils commencent à ce moment-là des préparatifs militaires.

1. Les numéros renvoient aux fragments de l'édition Le Guern.

À Paris, l'Italien Concini et sa femme, très proches de la régente, accaparent les pouvoirs jusqu'à ce que Louis XIII les fasse assassiner, par une sorte de révolution de palais (1617). Mais un autre favori, du roi cette fois, le duc de Luynes, leur succède sans parvenir non plus à s'imposer aux Grands.

En 1624, la reine fit admettre au Conseil du roi le cardinal de Richelieu, ambitieux, habile et compétent, qui conserva le pouvoir jusqu'à sa mort, en 1642. La politique de Richelieu consista d'abord à restaurer l'autorité royale, à affirmer la puissance du gouvernement contre les ambitions protestantes puis à éliminer le danger représenté depuis un siècle par les Habsbourgs d'Autriche et d'Espagne.

Contre les Protestants, le cardinal employa les grands moyens. La ville jugée la plus redoutable, La Rochelle, subit un siège en règle plus d'un an, avant de se rendre, à bout de forces. Le roi accorda la paix de grâce d'Alès aux Réformés. Ceux-ci, désarmés, perdirent tous leurs privilèges civils.

La lutte contre les Grands fut plus longue, marquée par des complots contre le cardinal et des rébellions ouvertes. Richelieu mena contre les séditieux une répression impitoyable : emprisonnements, exils, décapitations (Cinq-Mars, de Thou, le duc de Montmorency). La haine unanime du pays contre sa personne et sa politique intérieure ne l'arrêta pas. En 1638, le père de Pascal, qui avait participé à une manifestation contre le non-paiement de certaines rentes, fut contraint de s'enfuir de Paris pour échapper à la Bastille. L'année suivante, ayant été gracié, il fut envoyé à Rouen avec la mission risquée de collecter un impôt très impopulaire.

À l'extérieur, Richelieu déclara la guerre à l'Espagne en 1635, après avoir conclu des alliances contre les Habsbourgs. La France, d'abord envahie, repoussa l'ennemi, conquit le Roussillon et s'installa en Alsace, Mais l'affrontement s'éternisa, épuisant les deux camps. Pour financer la guerre, le cardinal multiplia les impôts, qui devinrent écrasants pour les paysans. La misère et le désespoir provoquèrent de multiples révoltes aussi bien dans les villes que dans les campagnes. On cite celle des Croquants en Gascogne (1637) et celle des Va-nu-pieds en Normandie (1638-39). La répression fut féroce. La France est épuisée et ruinée. Mais l'Espagne va encore plus mal, elle s'effondre en 1640 et entre en déclin. Les hostilités dureront pourtant encore presque vingt ans. *Les Pensées* font plusieurs fois référence au conflit contre nos voisins au-delà des Pyrénées.

Louis XIII ne survécut qu'un an à son ministre. Quand il mourut, en 1643, son héritier n'avait pas encore cinq ans.

II. De la seconde Régence à l'avènement de Louis XIV (1643-1661)

La reine mère, Anne d'Autriche, exerce la régence. Les mêmes causes produisant les mêmes effets, le pays est plongé à nouveau dans le désordre. Les Grands et le Parlement de Paris, que Richelieu avait muselés mais non détruits, relèvent la tête. Auprès de la régente, son favori Jules Mazarin, un Italien nommé cardinal sans être prêtre, mais recommandé par Richelieu, exerça la charge de ministre. Remarquable diplomate, souple, parfois fourbe[1], il était pourtant médiocre administrateur et se souciait d'abord de faire fortune, ce qu'il réussit au-delà de ses espérances. Il fut encore plus impopulaire que Richelieu. Les finances publiques étant au plus bas du fait de la poursuite de la guerre, Mazarin multiplia à son tour les expédients financiers et les impôts, au point d'exaspérer aussi la bourgeoisie. Les parlementaires exploitent la situation et essaient encore une fois de

1. Il se pourrait que dans le fragment 499 la phrase « M. le Cardinal ne voulait point être deviné » vise ce travers, à moins que l'imparfait ne renvoie à Richelieu, jugé par ses contemporains aussi retors que son successeur.

résister aux progrès de l'autorité de l'État. Leur idéal politique est une monarchie tempérée, à l'anglaise. En 1648, l'arrestation de conseillers au Parlement de Paris provoque une émeute (cf. encore 599). Sous la pression de la rue, la régente les fait relâcher.

L'année suivante commence une guerre civile en deux épisodes, appelée la Fronde. La Fronde des parlementaires, soutenue par plusieurs Grands, dura trois mois. Le Parlement fit sa soumission et la paix de Rueil fut signée en mars. Mais le 5 janvier 1649, la reine mère dut fuir Paris en pleine nuit avec Mazarin et le jeune Louis[1] jusqu'au château de Saint-Germain en Laye, alors fort délabré. L'orgueil des aristocrates et notamment du prince de Condé relança la révolte ; c'est ce qu'on appelle la Fronde des princes. Les combats entre troupes fidèles au roi, commandées par Turenne, et partisans des Princes, les canonnades et les tractations délicates, durèrent presque trois ans, à mi-chemin entre un conflit sanglant et un divertissement de nobles, qui jouaient à se prendre pour les héros et les héroïnes des romans à la mode. Mais les rebelles ne purent s'entendre entre eux, du fait de leurs ambitions antagonistes. Le jeune roi et la régente furent invités à rentrer au Louvre (1652), puis ce fut le tour de Mazarin, qui s'était exilé en Rhénanie, de regagner Paris (1653). C'est un temps où les campagnes de France sont ravagées, la famine et les épidémies dépeuplent le pays.

Les Français aspirent à retrouver la paix et l'ordre, qu'un roi plein d'autorité pourrait leur apporter. Paradoxalement **le pouvoir central sort renforcé de cette épreuve**. Quand Mazarin meurt en 1661, Louis XIV, qui s'était jusqu'alors désintéressé de la politique, prend les affaires du royaume en mains et décide, à la surprise générale, d'exercer en personne le pouvoir. C'est la fin des grands ministres. Le roi s'identifie désormais à

1. La famille Pascal quitta elle aussi la capitale de mai 1649 à novembre 1650.

l'État. On se souvient de la fameuse réponse de Louis XIV lors de son avènement : « L'État ? C'est moi ».

La guerre contre l'Espagne se termine en 1659 par le traité des Pyrénées[1].

Ayant connu ces temps difficiles, Pascal, qui en a gardé manifestement un mauvais souvenir, considère la guerre civile comme « le plus grand des maux » (87). Du coup, il juge que l'ordre, qui maintient la paix, vaut toujours mieux que le désordre et les injustices qu'il provoque. Les lois doivent être respectées en tant que telles et non parce qu'elles seraient équitables ou raisonnables. La justice n'a pas d'autre justification en soi que le légalisme. Jeter à bas un régime pour en instaurer un meilleur est pure illusion. Comme nous verrons, le dernier mot reste à la force (62, 94), les arguments « frappants » sont irrésistibles, ils supplantent généralement la justice ou, pire encore, finissent par être identifiés à elle.

1. Dans le fragment 55, on peut voir une allusion à la bataille des Dunes où Turenne battit les Espagnols (1658).

La vie et l'œuvre de Pascal

Dates	Événements	Œuvres scientifiques	Œuvres sur la religion
1623	Naissance à Clermont-Ferrand		
1626	Mort de Madame Pascal		
1631	Installation de la famille à Paris		
1634		*Traité des sons* (?)	
1638	Le père, Étienne Pascal, compromis politiquement, s'enfuit à Clermont-Ferrand		
1639		*Bref essai pour les coniques*	
1640	Les enfants suivent leur père, nommé à Rouen	*Génération des sections coniques*	
1642-1645	P. conçoit et réalise une machine à calculer pour aider son père, percepteur d'impôts		
1646	Contacts avec deux jansénistes qui soignent le père de P. Première conversion.	Expériences de physique sur la pression atmosphérique	
1648	Retour du père de P. à Paris	Expérience du puy de Dôme	
1651		*Traité du vide*	

1652	Pascal s'installe à Clermont. Sa sœur Jacqueline entre en religion		
1653	Début de l'amitié avec le duc de Roannez, le chevalier de Méré et Damien Mitton		
1654		*Traité du triangle arithmétique* Problème des « partis »	*Abrégé de la vie de Jésus-Christ* et autres opuscules de piété* (date incertaine)
23 novembre	**Nuit du Mémorial. 2e conversion**		
1655	Brefs séjours à Port-Royal		Entretien avec M. de Saci
1656-1657			*Écrits sur la grâce et autres opuscules*
1658		Concours de la « roulette » et *Œuvres mathématiques* d'Amos Detonville (pseudonyme de Pascal)	*Lettres écrites à un provincial*
1659	Grave maladie. Abandon des travaux scientifiques.		Édition des *Provinciales* mise à l'Index en 57
1661	Mort de Jacqueline à Port-Royal		*Écrits des curés de Paris* (rédaction d'une partie)
1662	Organisation des carrosses à 5 sols Mort le 19 août		

Quelques commentaires sur la vie et l'œuvre de Pascal

1. Pascal a eu une vie marquée de peu d'événements forts. Dans une époque agitée, il resta longtemps auprès de sa famille, suivant avec sa sœur aînée, Gilberte, et sa cadette leur père à Paris, puis à Rouen. Il garde de fermes racines dans son Auvergne natale où vivent son aînée et son beau-frère. Ayant perdu sa mère à l'âge de trois ans, il reçoit de son père une solide éducation humaniste, inspirée des principes pédagogiques de Montaigne.

2. L'année 1654 marque la charnière de son destin. C'est le moment où il précise son projet d'apologie de la religion plutôt que de poursuivre une œuvre exclusivement scientifique déjà réputée.

Avant 1654 les mathématiques et la physique occupent son temps. Dès son plus jeune âge, il était féru de géométrie. À douze ans il retrouve seul la 32e proposition d'Euclide, le plus célèbre géomètre de l'Antiquité grecque, et non pas les 32 premières propositions comme le dit la légende familiale. Son père lui permet alors de l'accompagner aux séances de « l'académie » du père Mersenne. Ce religieux a servi de lien entre les chercheurs européens de cette époque. Il a été un propagateur attentif des découvertes scientifiques et un vulgarisateur de talent. Il recevait à jour fixe des savants, comme Gassendi, Fermat, Descartes, Roberval, le gratin intellectuel de la France, et il entretenait une correspondance volumineuse avec les meilleurs esprits de l'Europe.

Pascal a travaillé notamment sur la géométrie projective des coniques. Lorsqu'il s'est consacré à l'étude de la pression atmosphérique, qui était liée à la technologie des tubes en verre, il a poursuivi ses recherches en mathématiques appliquées. Il a lancé un concours sur les questions posées par la « roulette » ou cycloïde, c'est-à-dire sur la géométrie d'un point situé sur un cercle roulant sur une droite. Ses travaux sur les probabilités ont jeté les bases du calcul intégral. Il possède à l'évidence des dons d'ingénieur (machine à calculer, presse hydraulique).

3. Aussi étonnant que cela paraisse, Pascal a connu dans sa vie une courte période dite « mondaine » entre 1647 et 1654, et plus particulièrement à partir de la mort de son père, en 1651. Devenu un savant à la mode, il fréquente des salons à Paris et à Clermont. On lui supposa même des projets de mariage. En fait, il resta célibataire, estimant que le mariage n'était pas une bonne chose. « Non, la continence vaut mieux », dit la pensée 707. Ces années-là, il fait la connaissance du duc de Roannez, un grand personnage qui devint son ami intime, qui fréquenta Port-Royal et présida le comité chargé de publier les papiers posthumes de l'écrivain. C'est à cette époque aussi que Pascal rencontra Damien Mitton, cité trois fois dans les *Pensées*, et le chevalier de Méré, tous deux des « libertins » dont nous reparlerons.

Ce serait une erreur de croire que ce fut un temps d'oisiveté futile ou de pure distraction. L'homme de cabinet a pénétré dans des milieux sociaux qu'il ne connaissait pas, il y a rencontré des personnages, les libertins, à qui il pensera bientôt comme destinataires de son apologie. Il s'est familiarisé avec un langage, une tournure d'esprit, qui lui seront précieux ensuite. Mais bientôt il a ressenti la stérilité de la vie mondaine à un moment où sa foi s'était attiédie. Le 23 novembre 1654 marque vraiment la fin d'une période.

4. Après 1654, sans abandonner ses recherches auxquelles seule la maladie le contraindra à renoncer, il compose plusieurs opuscules religieux non publiés de son vivant, en plus des *Provinciales*. À partir de 1658-59, son projet d'une apologie de la religion chrétienne absorbera son temps et le reste de ses forces.

Pratique religieuse soutenue/santé déplorable, la vie de Pascal tourne autour de ces deux pôles. L'écrivain, atteint peut-être de tuberculose osseuse, souffrit d'une santé médiocre qui le tourmenta dès l'âge de 24 ans et s'aggrava au fil du temps, avec des périodes de rémission jusqu'en 1660. La maladie et l'épuisement intellectuel se sont conjugués pour l'emporter à 39 ans, ce qui est précoce, même au XVIIe siècle. L'opuscule *Prière pour demander à Dieu le bon usage des maladies*, tout inspiré qu'il soit par la liturgie catholique, est né aussi de l'expérience douloureuse de son auteur. Rappelons au passage que sa cadette, Jacqueline, religieuse à Port-Royal, mourut à 36 ans des conséquences, dit-on, du drame moral que fut pour elle la signature du Formulaire (voir page 31).

5. Les pratiques ascétiques* ont probablement contribué à délabrer les forces de Pascal. Car il a voulu conformer sa vie aux exigences de sa foi ardente. Il a connu à deux reprises une expérience spirituelle décisive. En 1646, son père s'était démis la jambe en tombant sur du verglas. Il fut soigné par deux frères, médecins, proches de Port-Royal, qui firent découvrir à toute la famille des écrits d'inspiration janséniste. Blaise et Jacqueline en furent vivement impressionnés. Mais la conversion radicale se passe dans la nuit du 23 au 24 novembre 1654. Pascal eut une extase mystique* que nous pouvons approcher par l'écrit qu'il a fiévreusement griffonné sur un feuillet, puis cousu ensuite dans la doublure de son vêtement où on le retrouva après sa mort. Ce document extraordinaire, le Mémorial (à lire au fragment 711), était pour lui la preuve tangible de ces heures extraordinaires. Le savant est touché par une certitude absolue de la présence en lui de Dieu, non un Dieu abstrait intellectualisé mais le Dieu personnel révélé aux premiers patriarches juifs, et il en est bouleversé. La métaphore du feu, courante dans la Bible quand Yahvé le Transcendant se révèle aux hommes, s'accompagne chez le croyant d'une joie surhumaine qui durera « éternellement ».

Dans les dernières années de sa vie, Pascal mène une vie de plus en plus austère, quasiment ascétique*, dans le domaine des vêtements, de la nourriture, du train de vie, et se tient à l'écart de ses amis et connaissances. Le fragment 659 nous donne de son humeur une image bien sévère, à propos d'une épigramme* amusante du poète latin Martial : elle nous fait encore sourire mais laisse de marbre le rédacteur d'une Apologie de la religion, qui note : « Celle des deux borgnes ne vaut rien car elle ne les console pas et ne fait que donner une pointe (une preuve remaquable) à la gloire de l'auteur ».

La prière, les offices religieux, les pratiques pieuses, se partagent son temps en dehors de l'écriture. Il multiplie sans compter les gestes charitables à l'égard des déshérités. Ses derniers moments furent exemplaires et édifiants tant il manifesta les vertus du chrétien au moment de son entrée dans l'éternité. Il meurt comme un saint, à en croire ses proches, et ses obsèques attirent une grande foule.

6. Si nous mettons à part les publications scientifiques, Pascal homme de lettres n'a fait paraître tardivement qu'un tout petit nombre d'opuscules de polémique religieuse et ne serait connu dans le domaine littéraire que par *Les Provinciales*, sans l'intervention de ses héritiers. Il n'a réalisé aucune œuvre de longue haleine, essai sur un sujet religieux comme saint François de Sales, traité philosophique comme Descartes, ouvrage de moraliste comme La Rochefoucauld ou La Bruyère. Tout se passe comme si la création littéraire en soi ne l'intéressait pas, mais plutôt les questions liées à l'écriture en tant que moyen efficace de toucher le plus possible le public auquel il s'adresse.

Le monde scientifique au temps de Pascal

Pascal est autant un homme de science qu'un homme de foi. Mathématicien comme son père, physicien, ingénieur, il a composé d'importants traités et opuscules scientifiques. Tentons de le placer dans une perspective épistémologique*, ce qui est d'autant plus intéressant que sa tournure d'esprit et ses méditations ont été marquées par son travail de savant.

I. « La grande révolution »

À propos des progrès des sciences au XVIIe siècle, on a parlé de « la grande révolution » (P. Chaunu), qui couvre presque tout le siècle, depuis la formulation des lois de Kepler (1609) jusqu'à la découverte du calcul infinitésimal et la publication des *Principes mathématiques de la philosophie de la nature de Newton* (1687), en passant par le *Discours de la méthode* (1637) de René Descartes. On peut comparer cette époque au début du XXe siècle, quand Planck et Einstein publiaient leurs recherches. Les principes majeurs qui ont fondé notre connaissance du monde jusqu'à la première Guerre mondiale ont été posés dans l'Europe de Louis XIV grâce à des démarches originales et fécondes.

Galilée (1564-1642) affirme le premier en 1623 que « la Nature est écrite en langage mathématique ». Cette formule proprement révolutionnaire d'un homme qui a lutté contre le formalisme et le poids écrasant de l'autorité des Anciens, imposée par l'Université, traduit un bouleversement méthodologique qui entraîne l'essor des sciences. Le cosmos clos hérité de la pensée d'Aristote adaptée par saint Thomas d'Aquin se brise. La vieille distinction entre la Terre, où Jésus-Christ s'est incarné, et le monde sidéral, s'efface. Le XVIIe siècle découvre un monde infini que les savants vont désormais quantifier, mesurer, mettre en équation grâce à leur faculté d'abstraction. Ils vont observer, classer, comparer les phénomènes. Divers instruments sont mis au point, comme la lunette astronomique, le microscope pour l'infiniment petit, le baromètre, le thermomètre, l'horloge. L'univers devient une immense machine régie par les lois de la géométrie et de la mécanique. La nature, organisation hiérarchisée de matière, de formes et de fonctions selon la vision classique de l'Antiquité, cède la place à une nature moins majestueuse mais moins humaine, d'une extrême complexité mais compréhensible, constituée d'un ensemble de phénomènes quantitatifs et non plus qualitatifs[1].

Cette simplification paradoxale de la conception de l'univers a une conséquence considérable, elle implique la mise entre parenthèses de la question religieuse. Que les savants du temps aient été ou non croyants importe peu puisque le monde qu'ils explorent est vide de Dieu. Cela dit, tous ont affirmé leur foi dans la religion chrétienne. D'ailleurs ils ont parié au-delà de la raison et des apparences sensibles, sur la lecture mathématique du monde. Kepler cherchait le plan de Dieu dans le mouvement des planètes et Descartes voyait un reflet de la pensée divine dans les lois de la géométrie.

Mais la recherche et l'exploration de l'univers impliquaient aussi de tourner le dos à « la vénérable Antiquité » comme dira Bayle, aux préjugés multiséculaires, à la routine intellectuelle et, pour persévérer dans cette voie, il fallait une audace certaine. Car les autorités avaient mis en place des systèmes de censure aussi puissants qu'efficaces, et battre en brèche les idées reçues de la Tradition signifiait attaquer les fondements mêmes de la société.

1. Un bon exemple de logorrhée dépassée figure dans le fragment 707 : « Vertu apéritive d'une clef, attractive d'un croc » qui fait penser à « la vertu dormitive de l'opium » et à la médecine caricaturée dans *Le Malade imaginaire*.

En effet, le savant de ce temps ne se distingue pas encore du philosophe. On pense à Galilée, condamné par l'Inquisition en 1633 et contraint d'abjurer l'héliocentrisme jugé hérétique[1], à Kepler chassé de l'université de Graz puis de Prague. Or l'élaboration de nouveaux savoirs fait surgir des questions métaphysiques et religieuses. Par exemple le récit biblique de la création du monde en six jours est-il vrai ? Comment le soleil peut-il tourner autour de la terre alors que la Bible rapporte que Josué a arrêté le soleil ? (C'est une objection contre Copernic faite par Luther) S'il existe d'autres mondes à l'infini et qu'ils soient habités, qu'en est-il pour eux du dogme de la Rédemption ? La notion d'infini (397) en particulier commande une sensibilité religieuse. Dieu est le créateur d'un monde incommensurablement plus grand, plus puissant, plus subtil qu'on n'aurait imaginé. Le Dieu qui parle dans le silence terrifiant « des espaces infinis » n'est accessible que dans le mystère de l'Incarnation, il prend chair et voix en Jésus-Christ. D'ailleurs, dans sa préface au *Traité du vide*, Pascal a soin de distinguer les domaines où l'autorité des maîtres est indiscutable, droit, histoire, géographie et surtout théologie, en face des champs où les sens et le raisonnement sont fondamentaux : « L'autorité y est inutile ; la raison seule a lieu d'en connaître ». Cela justifie qu'on procède à des expériences qui mettent en échec les idées héritées des Anciens.

II. Les découvertes

Dans l'histoire des découvertes, citons d'abord **l'astronomie** où l'héliocentrisme remplace le géocentrisme au début du siècle. Johann Kepler, astronome allemand, découvre de 1609 à

1. Signalons qu'une statue de l'illustre savant sera bientôt érigée dans les jardins du Vatican. Tout arrive…

1619 les lois du mouvement elliptique des planètes et la loi dite des aires. Galilée, outre bien d'autres travaux, étudie avec sa lunette la Lune, les taches du soleil, Vénus et Saturne. À partir de ses calculs, Newton découvrira plus tard les lois de la gravitation universelle. Le savant anglais, s'appuyant sur le traité d'optique de Descartes, fera avancer cette dernière branche de la physique. Les astronomes découvrent progressivement que le cosmos est immense à un point qui donne le vertige, alors que Ptolémée avait fixé le nombre d'étoiles à 1022 (cf. début du fragment 654). La distance Terre-Soleil est crue 24 fois plus petite qu'elle n'est, jusqu'en 1672 où elle est calculée exactement. Cela recule d'autant les limites apparentes du monde ! En 1675 on mesure approximativement la vitesse de la lumière. Or, les recherches des astronomes sur la mécanique céleste demandent de nouveaux outils mathématiques.

Domaine en pleine effervescence, les mathématiques deviennent l'instrument scientifique par excellence « à cause de la certitude et de l'évidence de leurs raisons ». Les avancées sont décisives : arithmétique (théories des nombres, suites de nombres entiers, *Traité du triangle arithmétique* de Pascal), géométrie (Pascal travaille sur la géométrie projective des coniques, en y introduisant la notion d'infini : le cylindre est en quelque sorte un cône qui aurait son sommet à l'infini. Cette notion de passage à la limite ouvre la voie au calcul infinitésimal), géométrie analytique où se distinguent Fermat et Descartes, trigonométrie plane et sphérique. L'analyse combinatoire, qui concerne les probabilités, prend son essor à partir de la correspondance entre Pascal et Fermat sur la règle « des partis ». Leurs réflexions sont considérées comme l'origine du calcul des probabilités (cf. 93, « travailler pour l'incertain »). Un ami de Pascal, le chevalier de Méré, dont nous reparlerons, lui avait posé les problèmes suivants : en combien de coups peut-on espérer amener deux six avec deux dés ? Et si une partie est interrompue, comment répartir équitablement les enjeux ? Pascal met ainsi Leibniz sur la découverte du calcul infinitésimal, par dérivées et intégrales.

La physique fait aussi des pas de géant, aidée par les mathématiques qui mettent en équations les résultats des expériences. Galilée fonde la dynamique en étudiant la chute des corps et les trajectoires des projectiles ; il découvre le principe de l'inertie ; il énonce la loi du pendule. Son principal disciple, Torricelli, l'inventeur du baromètre, réalise dans les jardins du palais Pitti à Florence une expérience hydraulique que Pascal décide de reproduire à Rouen afin de dégager les lois qui entrent en jeu par une méthode expérimentale fondée sur l'observation. Il prouve que, contrairement à ce qu'on affirmait depuis Aristote, la nature n'a pas horreur du vide. Ses découvertes sur le poids de l'air sont célèbres. En 1648 il fait procéder par son beau-frère à une expérience au pied et au sommet du Puy de Dôme, prouvant que le poids de l'air varie selon l'altitude. On mesure aujourd'hui la pression atmosphérique en pascals (un newton par mètre carré) et les bulletins météo nous parlent d'hectopascals. En 1654, Pascal, étudiant les variations de la pression de l'air, achève un *Traité de l'équilibre des liqueurs* qui fonde l'hydrostatique moderne. On y trouve la description de la première presse hydraulique, qu'il a conçue.

Pascal, savant, fait très souvent référence à la science dans les *Pensées*, parce qu'elle est le seul produit de l'intelligence qui ait un caractère de certitude grâce à l'expérimentation. Il affirme le primat de la certitude sur l'évidence car celle-ci peut produire une illusion de vérité à cause de la nature faillible de l'homme. La Préface sur le traité du vide y revient avec force : « Ils [les Anciens] doivent être admirés dans les conséquences qu'ils ont bien tirées du peu de principes qu'ils avaient, et ils doivent être excusés dans celles où ils ont plutôt manqué du bonheur de l'expérience que de la force du raisonnement ». Plus encore, il est frappé par l'aspect vertigineux et effrayant du nouvel univers qui se dévoile peu à peu, point de départ d'une méditation métaphysique.

Le contexte religieux

Pour comprendre l'enjeu des *Pensées* il est indispensable d'en connaître l'arrière-plan théologique. Nous allons donc rappeler succinctement quelques points dans ce domaine.

I. L'homme entre liberté et prédestination

Les doctrines des théologiens sur la liberté de l'homme, on dit aussi son libre-arbitre, ont varié au fil des siècles. Ce point est fondamental car il conditionne la responsabilité quant aux choix essentiels de l'individu dans sa vie sur terre et dans l'au-delà. L'Église enseigne que Jésus Christ est venu libérer l'humanité de l'empire du péché et de la mort. Cette libération intérieure s'opère par la grâce du Christ. La liberté se traduit dans le champ de la foi et surtout de la morale.

Le moine **Pélage**, au début du Ve siècle, affirma que Dieu nous donne le libre-arbitre et qu'en obéissant à ses commandements nous pouvons faire le bien par nos propres forces. Notre nature est bonne, notre volonté aussi, elles nous poussent à être vertueux. Il n'existe pas, disait-il, de péché des origines qu'Adam aurait transmis à sa descendance. L'homme forge lui-même son destin par sa volonté. La grâce divine est inutile. À la même époque, des religieux, les semi-pélagiens, admettent le dogme du péché originel mais croient que ses conséquences sont modestes et que la grâce divine est donnée à tous ceux que Dieu sait par avance promis au paradis pour l'éternité. Doctrine qui n'est guère éloignée des thèses jésuites au XVIIe siècle.

Saint **Augustin** (354-430), évêque d'Hippone, un des plus grands docteurs de l'Église, combattit fermement cette doctrine qu'il jugeait naïvement optimiste, en se fondant sur les épîtres de saint Paul, dans la Bible, et sur son expérience personnelle du péché. Il admet que la nature humaine est sortie excellente des mains de Dieu mais assure que le péché d'Adam l'a corrompue à jamais en y introduisant une propension au mal (la concupiscence*). Nous sommes là au cœur de la théologie pascalienne des *Provinciales* et des *Pensées*, qui est une théologie augustinienne au sens strict. Il faut donc que le croyant, pour être sauvé, se convertisse, c'est-à-dire réponde personnellement à l'appel de l'amour de Dieu, qui lui accorde souverainement la grâce du salut procuré par Jésus-Christ. Sans la grâce, nul ne peut résister à la propension au mal qu'a entraînée le péché des origines. « Par la grâce, la volonté humaine acquiert sa liberté ».

Dans son œuvre, abondante, Augustin a également abordé la question des rapports entre la foi et la raison. La foi précède l'intelligence mais il n'y a pas conflit entre elles : « Crois pour comprendre ». L'une ouvre les yeux de l'autre que l'athéisme maintient fermés. Elle nous fournit les fondements qui permettront d'interpréter en vérité les données de l'expérience, elle nous donne donc la clé de l'énigme de l'univers et de notre condition. Dieu, l'objet de la foi, est par nature au-dessus de la raison, mais la première nous aide à mieux user de la seconde. À l'inverse, la raison éclairée peut fortifier la foi : « Comprends pour croire ».

Au XIIIe siècle, saint **Thomas d'Aquin** entreprend de concilier le christianisme et la philosophie d'Aristote. Les hommes cherchent le souverain Bien qui ne peut être que Dieu, mais ils se trompent de cible en le poursuivant. Ils s'arrêtent à des plaisirs éphémères. Ce faisant, saint Thomas souligne la liberté de chacun. Il sépare nettement la raison, qui bâtit des démonstrations, et la foi qui se fonde sur la Révélation.

Au moment de la Réforme (XVIe siècle), Jean **Calvin** professe, à l'inverse de Pélage, que chaque homme est prédestiné de toute éternité par Dieu au salut ou à la damnation éternels. La grâce est inutile. La nature humaine est corrompue, l'homme « est misérablement assujetti à tout mal ». Cette position extrême, qui présente un Dieu inexorable, est condamnée par l'Église catholique puisqu'elle nie le libre-arbitre. Nous sommes libres, affirme-t-elle au contraire, sous l'action de la grâce que Dieu prodigue à tous, libres de la refuser, libres de l'accepter, libres de la faire servir.

Puis le Jésuite espagnol **Molina** affirma que l'homme peut faire descendre sur lui la grâce, en faisant fructifier ses mérites spirituels. Cette doctrine va donner lieu à de graves dérives en morale avec la pratique de la casuistique*.

Ces dissensions entre écoles théologiques rebondissent en 1640, quand paraît l'*Augustinus*, sous-titré *Doctrine de saint Augustin sur la santé, la maladie et la médecine de l'âme*, traité posthume d'un évêque d'Ypres, Cornélius Jansen. Jansen veut restaurer la doctrine authentique de saint Augustin qu'il estime édulcorée par les disciples de Molina, c'est-à-dire les confesseurs jésuites, accusés de laxisme parce que toujours prêts à composer avec les exigences de la stricte morale. Pour l'évêque flamand, le libre-arbitre existe mais fortement réduit par la concupiscence* ou la grâce octroyée par Dieu. Pour obtenir son salut, l'homme a absolument besoin de la grâce. Or Dieu dispense celle-ci à qui il veut sans qu'on puisse connaître les motifs de ses choix. Cette thèse durcit à l'excès l'enseignement d'Augustin. Les Jésuites, menacés dans leur pouvoir spirituel de confesseurs des Grands et leur mission d'éducateurs, c'est-à-dire dans leur pouvoir tout court, contre attaquent vivement, en accusant d'hérésie* les partisans de Jansen et en traitant les thèses de celui-ci de « calvinisme rebouilli » !

Les enjeux de cette controverse n'étaient pas seulement métaphysiques. Il s'agissait surtout de promouvoir la dignité du chrétien vivant dans le monde en faisant confiance à sa raison, à sa liberté, à sa volonté ou au contraire, en affirmant la transcendance de Dieu, de souligner la finitude de l'homme, qui ne peut s'épanouir qu'en recherchant Dieu dans une solitude austère.

Fenêtre sur *Les Provinciales*

Ce sont dix-huit lettres fictives publiées en 1656-57 en pleine querelle religieuse sur la liberté et la grâce. « Le grand » Arnaud qui cherchait une « plume » pour servir la cause des Jansénistes, malmenés par l'Église officielle, recourut aux talents de Pascal. Les *Lettres* connurent immédiatement un succès extraordinaire. Les quatre premières exposent les questions théologiques en débat. Les lettres 5 à 16 stigmatisent avec humour puis indignation la casuistique* jésuite et la mauvaise foi des révérends Pères à l'égard de Port-Royal. Les lettres 17 et 18 reviennent sur la théologie de la grâce exposée dans *l'Augustinus*. Une partie des lettres sont censées être adressées de Paris à un ami provincial de l'auteur. Les lettres 11 à 16 sont adressées directement aux Pères, et les dernières au confesseur jésuite de Louis XIV, le père Annat.

Les Provinciales sont un modèle de littérature pamphlétaire : clarté parfaite de l'exposé de questions complexes, brio de l'écriture qui passe avec aisance de la comédie au réquisitoire, virtuosité dialectique des dialogues rapportés, tout est mis en œuvre pour disqualifier radicalement l'adversaire et mettre dans le bon camp les lecteurs de bonne foi. Pascal joue les candides comme fera un jour Voltaire. Quand il attaque, son éloquence est portée par une fougue passionnée, dépourvue d'artifices rhétoriques. Et la vivacité du chrétien scandalisé est explicite. *Les Provinciales* furent mises à l'Index, officiellement parce qu'elles n'étaient pas rédigées en latin.

Les deux positions se révélaient inconciliables sur le plan de l'anthropologie et de la morale concrète

Pôle de la liberté	Pélage	Molina	saint Thomas	saint Augustin	Jansen	Calvin	Pôle de la prédestination

II. Port-Royal

Le jansénisme eut pour foyer un couvent cistercien au sud de Paris, Port-Royal des Champs. Ce monastère de femmes, réformé[1] en 1608 par l'abbesse Angélique Arnaud, se vida quand les religieuses, devenues trop nombreuses, s'installèrent à Paris en 1626. À leur place, des prêtres comme Antoine Arnaud dit « le grand Arnaud », le plus influent des leaders jansénistes, Pierre Nicole, Isaac de Saci le directeur spirituel de Pascal, des lettrés, s'isolèrent pour mener une vie humble de prière, de méditation et de travail. On les appela les Solitaires ou les Messieurs de Port-Royal. Ils rejetaient les mondanités comme futiles et sources de tentations. Bientôt ils ouvrirent les Petites Écoles (cf. 59), que fréquenta Racine de 1655 à 1658. Les méthodes pédagogiques y étaient remarquablement innovantes. En 1633, l'abbé de Saint-Cyran fut nommé directeur spirituel des religieuses. C'était un ami de Jansen ; il fit entrer ses idées dans le couvent. Le pouvoir politique, qui craignait les ferments de troubles et savait l'hostilité de Jansen, resté fidèle au roi d'Espagne, à l'égard de Richelieu[2] intervint contre Port-Royal. Le cardinal ministre assurait que Saint-Cyran était « plus dangereux que six armées » et le fit emprisonner. En 1653 puis en 1656, les Jésuites

1. Une réforme est une décision de rétablir dans un monastère les règles strictes fixées à l'origine par le fondateur de l'ordre religieux.
2. Jansen était l'auteur d'un pamphlet contre Richelieu, *Le Mars gaulois*.

obtinrent de Rome la condamnation de la thèse janséniste sur la grâce, condensée en cinq propositions. La situation des Jansénistes devenait difficile. Pour se gagner l'opinion publique, Arnaud recourut à la plume de Pascal. Telle est l'origine des *Provinciales*, ou *Lettres écrites par Louis de Montalte* (pseudonyme de l'auteur) *à un provincial de ses amis*. Les *Lettres*, pamphlet vigoureux et brillant, eurent un vif succès et suscitèrent une condamnation unanime de l'attitude exagérément laxiste de certains Jésuites.

Quels ont été les rapports de Pascal avec les Jansénistes ? Certainement très bons sans qu'on puisse dire qu'il fut vraiment un de leurs disciples. Plutôt un sympathisant, jusqu'à ce qu'il les soupçonne de chercher à sauvegarder un certain pouvoir moral. Il entra ensuite en désaccord avec Arnaud quand Port-Royal fut contraint de signer le Formulaire (1661), une déclaration destinée à manifester la soumission du groupe à la doctrine officielle de l'Église[1]. Il s'éloigna alors de ses amis pour s'occuper exclusivement de sa future Apologie.

L'hostilité tenace du pouvoir envers Port-Royal, les condamnations canoniques, finirent par l'emporter. En 1660 les Petites Écoles furent fermées d'autorité, les Solitaires dispersés et contraints de se cacher. Mazarin ne pardonna jamais aux Jansénistes de s'être compromis avec certains des Frondeurs, il les détestait et transmit cette aversion à Louis XIV. Ce dernier, sous la pression de ses confesseurs successifs, des Jésuites bien sûr, expulsa les religieuses de Port-Royal des Champs, rasa le couvent et détruisit même le cimetière.

1. Le Formulaire spécifiait que l'*Augustinus* contenait effectivement cinq propositions rejetées par Rome. Pascal était d'avis de refuser de le signer. Sa sœur Jacqueline, prise entre l'obéissance à ses supérieures et l'avis de son frère, finit par signer contre son gré mais elle fut tellement tourmentée par ce cas de conscience qu'elle en mourut peu après, apparemment de chagrin.

III. Les libertins

Après avoir parlé de théologiens et de dogmes, il nous faut nous intéresser à ceux qu'on appelle « les libertins », que Pascal vise expressément avec son apologie. Qui sont-ils ?

Le sens du mot a changé depuis le XVIe siècle, ce qui provoque des confusions. Son étymologie réfère à « liberté ». Le terme désigne quelqu'un qui, par souci de garder sa liberté d'opinion, refuse d'obéir aveuglément aux valeurs et aux idées reçues par la société de son temps. Mais dès le XVIe siècle, il concerne le domaine de la religion et prend rapidement un sens péjoratif. Des convictions, on passe aisément aux mœurs pour dénoncer l'inconduite, le scandale, la débauche avérée. Il faut donc **distinguer deux sortes de libertins**. Ceux qui s'affranchissent des préceptes chrétiens et passent leur temps en ripailles, en jeux de dés et de cartes, dans les plaisirs de la luxure. Ce genre de vie va de pair avec l'abandon de la pratique religieuse. C'est une forme, la plus sensuelle, de l'épicurisme. Quand elle est manifeste, elle choque.

Il existe aussi des libertins par conviction, qu'on appelle « **libertins érudits** ». Ceux-là se posent les grandes questions existentielles, mettent en doute ou rejettent toute forme d'autorité, en particulier celle de l'Église. On parle alors d'esprits forts, de libres penseurs, comme Molière à propos de son don Juan. On les accuse à bon droit d'irréligion, d'impiété et même d'athéisme dans les cas extrêmes. Il est vrai que dans ce domaine, les guerres de religion ont entraîné les progrès de l'indifférence. Ces libertins sont contraints à rester discrets, ils se retrouvent dans des cercles fermés, car les représentants de l'orthodoxie religieuse font bonne garde. Théophile de Viau est emprisonné pour des vers jugés obscènes et impies, il échappe de peu à la mort. Giordano Bruno est brûlé vif à Rome en 1600, Vanini à Toulouse en 1619. La moindre tentative de penser différemment du troupeau passe pour une mise en cause de l'ordre établi, pour attentat à la seule vérité qui soit, celle que contiennent les saintes Écritures et l'interprétation traditionnelle. Or les libertins refusent précisément que la vérité soit monopolisée par les dogmes, par l'autorité des savants reconnus et des philosophes antiques, notamment Aristote, dont nous avons vu la conception de l'univers de plus en plus remise en cause par les savants.

Le libertinage philosophique date du temps où la Renaissance s'épanouit dans l'optimisme général des humanistes. À Padoue prospère une faculté de médecine qui donne essor à la philosophie naturaliste. Girolamo Cardan, Pomponazzi, Paracelse, Campanella, qui y enseignent, s'intéressent à toutes les disciplines. Pour ces rationalistes convaincus, la Nature et ses merveilles sont des manifestations de Dieu (panthéisme*). Il n'existe pas de surnaturel, la Nature peut tout faire à tout moment, ce qui implique que les miracles n'existent pas, qu'ils ont été inventés par des clercs manipulateurs pour exploiter la crédulité des gens simples. En France, Vanini, Naudé et Patin seront du même avis.

Les libertins ne sont touchés par aucun des arguments de l'apologie traditionnelle qui expose les preuves de l'existence de Dieu[1]. Ils sont grands lecteurs des Sceptiques de l'Antiquité (voir fenêtre pages 69-70), de **Montaigne** et de son disciple et ami, **Pierre Charron** (1541-1603). Ce prêtre et apologiste du catholicisme romain, très apprécié par Pascal, est également un ennemi des partis pris. Les libertins connaissent aussi l'œuvre de **Gassendi** (1592-1633), mathématicien, astronome et philosophe. Ce chanoine, adversaire d'Aristote et de Descartes, est un authentique croyant. Mais, commentateur d'Épicure, il a été

1. Voir le dialogue du fragment 2 sur « le ciel et les oiseaux » : « cela est faux à l'égard de la plupart ».

injustement annexé par les libres penseurs qui n'ont retenu de son œuvre que son épicurisme et son sensualisme.

Parmi les libertins cultivés se trouvent deux amis de Pascal, **Damien Mitton** et le **chevalier de Méré**. Ils se rencontrèrent vers 1652-53 chez le duc de Roannez. Mitton était un joueur invétéré et un fin lettré. Les pensées 509, 544, 691 citent son cas jugé assez sévèrement. On a vu que Méré, autre grand joueur, a posé à Pascal le problème des « partis ». Il prétendit avoir inspiré la pensée 285. Il serait le type d'esprit fort qu'il fallait convaincre de l'excellence de la religion chrétienne. Il est probablement un des destinataires privilégiés de l'Apologie. Il fit pénétrer Pascal dans le monde des libertins qui lui était étranger. D'après Antoine Adam, il lui aurait révélé l'œuvre de Montaigne. Le géomètre chrétien découvrit là le scepticisme religieux, l'incrédulité méthodique à l'égard des vérités reçues, la méfiance à l'égard de la raison, mais aussi une tolérance courtoise pour tout ce qui n'était pas étroitement sectaire. Méré, théoricien de « l'honnêteté » (cf. la note de l'auteur au fragment 397) au sens classique des qualités du parfait homme du monde, séduisit certainement Pascal, qui s'aperçut que la foi en Dieu n'est pas une évidence qui s'impose d'elle-même. Elle est un effet de la volonté de l'individu, un acte à renouveler fréquemment, un saut dans l'inconnu, saut qui n'est pas sans risque, l'enjeu d'un pari.

Méré montra enfin à Pascal que l'intuition ou le bon sens peuvent parfois se montrer plus efficaces que le pur raisonnement mathématique. Le chevalier pensait que nous sommes tous capables de découvrir certaines vérités par « un sentiment infaillible », une sorte de pensée éclair, synthétique, capable d'embrasser le réel de façon fulgurante. Il fit découvrir à Pascal « une autre voie » et lui rappelait dans une lettre qu'il l'avait « tout à fait guéri des mathématiques ». C'est à lui que Pascal parla certainement du monde contenu dans une graine de pavot, première image de ce qui deviendra le ciron dans le fragment 185 sur les deux infinis.

Le chemin vers la **distinction entre l'esprit de géométrie et l'esprit de finesse** se trouve dessiné. Cela dit, quelques années plus tard, l'apologiste opposera fortement l'honnêteté selon Méré, qui ne rend pas à la fois aimable et heureux, au christianisme qui seul y parvient (note du fragment 397). Son grand œuvre sera une promotion de la religion construite sur le raisonnement qui conduira ses lecteurs à croire à des vérités qui dépassent la raison.

Genèse et sources des *Pensées*

I. La genèse de l'œuvre

On appelle *Pensées* l'ensemble des documents préparés par Pascal en vue de composer une apologie de la religion chrétienne. La mort a interrompu le travail de l'écrivain et la première édition posthume, mise au point par un groupe de jansénistes, est parue en 1670. La maturation de l'œuvre a été longue et il est intéressant d'en repérer les principales étapes.

– Les spécialistes conviennent de faire remonter l'origine du projet à 1647, à l'occasion d'une **controverse** avec un religieux qui prétendait démontrer rationnellement les mystères du christianisme, dix ans après le *Discours de la méthode*. Pascal et deux de ses amis défendirent âprement le surnaturel, supérieur à la raison, accusèrent le clerc d'hérésie* et le contraignirent à se rétracter. Pascal pourrait avoir eu alors l'idée d'étudier les rapports entre la raison et la religion chrétienne.

– Nous avons dit plus haut comment le croyant avait été bouleversé par **l'extase** de la nuit du 23 novembre 1654, événement capital pour sa vie et sa foi. Il ne pouvait que vouloir témoigner de la grâce de son illumination, par souci de convertir ses frères.

– En janvier 1655, il s'isole quelque temps à Port-Royal des Champs et il a une **conversation avec son directeur spirituel**. Nous en connaissons le détail qui a été publié sous le titre *Entretien de Pascal avec M. de Saci sur Épictète et Montaigne.* Face à un prêtre qui connaît parfaitement la pensée de saint Augustin, Pascal parle de deux philosophes qu'il a dûment fréquentés. Le Stoïcien antique et l'auteur des *Essais** représentent les deux conceptions principales de la nature humaine. Épictète croit en la grandeur et la dignité de l'homme, être doué d'une raison admirable, mais à trop exalter l'homme, dit Pascal, il tombe dans l'excès d'une « superbe [orgueil] diabolique ». À l'inverse, Montaigne trouve que « c'est un subject merveilleusement [étonnamment] vain, divers et ondoyant, que l'homme ». Il fonde d'abord sa philosophie sur l'acceptation courageuse de la mort. Puis il évolue vers une sagesse fondée sur le doute systématique. Pascal présente un Montaigne qui ordonne sa vie en suivant ses désirs et ses instincts sans se poser trop de questions inutiles. Il s'acquitte de ses devoirs privés et publics par pur conformisme aux us et coutumes. Pour le chrétien Pascal, c'est ravaler l'homme au rang des animaux.

Les deux philosophes n'ont pas vu que l'état présent de l'homme est corrompu, que sa nature n'est pas saine. Montaigne ignore la grandeur originelle de l'homme et la possibilité du salut par Jésus-Christ. Il est lâche et désespérant ! La sévérité du converti s'explique aussi par le fait que le scepticisme de Montaigne – et ses avantages pratiques – a ouvert la voie aux libertins du siècle suivant. C'est pourquoi il convient de dépasser Épictète et Montaigne, de tenir les deux bouts de la chaîne, conciliation que réussit la doctrine chrétienne : l'homme est pris entre deux états, celui d'avant la chute, et il se souvient de la grandeur qui était la sienne, tandis que ses faiblesses sont la conséquence de sa déchéance. La Bible et saint Augustin l'affirment.

Fenêtre sur Pascal lecteur de Montaigne

Les Pensées contiennent d'innombrables références aux *Essais**, implicitement quand Pascal aborde les mêmes questions de fond que son prédécesseur, explicitement quand il prend position par rapport à lui, citant 17 fois son nom. L'édition de la Pléiade abonde en références à Montaigne qui éclairent un fragment ou en constituent la source. Rien que dans les notes du dossier « Vanité » par exemple, on n'en compte pas moins de 25 ! Mais d'autres passages en sont truffés, comme le fragment 122 par exemple. Pascal avait mis des signes dans les marges de son exemplaire pour retrouver plus aisément des idées à utiliser. Nous le voyons au fragment 16 qui mentionne la page 751 des *Essais**, ou au fragment 264 qui renvoie à un repère de lecture en forme de « rond ». Pascal utilise l'œuvre comme une mine d'exemples, de citations, d'anecdotes intéressantes, d'arguments. Il y ajoute des commentaires élogieux ou non sur son aîné, il lui délivre éloges et blâmes, sur un ton parfois ironique (cf. 82). Quel est son avis sur Montaigne ?

Il lui adresse **deux sortes de reproches**. Le savant relève des ignorances et une certaine tendance à la crédulité ou plutôt l'absence de vérifications de ses informations ; le dévot blâme les mots « un peu libres et voluptueux », « lascifs », pour parler de la sexualité ; le chrétien ne saurait admettre l'admiration devant le suicide, bon pour les païens d'avant la Révélation. Une sagesse qui consisterait à attendre sereinement la mort en suivant les douces impulsions de la Nature lui parait une façon détestable de « mourir lâchement et mollement » (574). Plus généralement, Pascal, qui trouve le « moi » haïssable, a des mots sévères pour celui qui « faisait trop d'histoires » « en « parla[nt] trop de soi » (549). Dans un projet de préface à la première partie de l'Apologie, à propos des autobiographes Pascal expédie Pierre Charron en quatre mots et s'étend sur « le sot projet » que Montaigne a choisi « de se peindre » en disant d'énormes « sottises » (653). Ailleurs Montaigne est donné comme un psychologue perspicace mais à courte vue (comme saint Augustin, rapprochement pourtant prestigieux s'il en est !). Il a vu par exemple les effets de la coutume mais n'en a pas pénétré la raison profonde, comme s'il lui avait manqué de gravir un échelon dans la pyramide des clairvoyants[1] et qu'il n'avait que ses yeux de chair. Vision partiale et discutable pour le lecteur contemporain.

Nous trouvons aussi sous la plume de Pascal maintes éloges de Montaigne. Il y a comme **une parenté d'esprit entre les deux hommes**, une mise en cause des traditions établies dont ils montrent le creux ou la supercherie, un refus de s'incliner devant l'autorité venue du fond des âges (cf. 773 qui reprend exactement un propos de Montaigne relevant une faiblesse dans Aristote). Le scepticisme de l'écrivain témoin des guerres de religion est typique. Non seulement il désespère de la raison, dont il souligne l'incapacité à démêler le vrai du faux, mais il dénonce la faiblesse des sens, regrette que la science soit douteuse ou illusoire, se moque de la comédie humaine. C'est pourquoi l'*Apologie de Raymond Sebond*, au chapitre 12 du livre II, qui présente un Montaigne se refusant à affirmer quoi que ce soit, et préférant, dans la droite ligne du scepticisme, rester sur un point d'interrogation prudent, a tant retenu l'attention de Pascal. Celui-ci partage aussi en politique le conservatisme de Montaigne, par défaut, en vertu d'une lucidité à l'égard de nouveautés radicales qui seraient aussi illusoires que l'existant. Il reconnaît au Gascon sa lucidité dans la nécessité de bien se connaître et l'originalité de sa méthode d'analyse de soi, « en sautant de

1. Cf. notre page 63 et suivantes.

sujet en sujet » (653), juste avant de blâmer l'entreprise des *Essais**. Plus avant, il le prend en flagrant délit de contradiction au sujet des miracles (697). Loin de regretter la chose, il affirme que « Montaigne en parle comme il faut dans les deux endroits » (698), quand celui-ci dénonce les esprits trop crédules puis quand il refuse de limiter la puissance inimaginable de Dieu sur la Création. Il n'est pas jusqu'au genre littéraire si original des *Essais** auquel Pascal ne trouve de précieux avantages. Se fonder sur l'expérience quotidienne commune pour réfléchir sur la condition humaine est un moyen habile de toucher les lecteurs et de rester gravé dans leur mémoire. Les exemples donnés surprennent, c'est Épictète et les maximes de son *Manuel*, Montaigne, et en troisième place le pseudo Salomon de Tultie[1], à savoir ni plus ni moins que Blaise Pascal soi-même.

Cette communauté de démarche est si forte que Pascal tient à affirmer au passage sa singularité, en prenant ses distances avec son prédécesseur sur un point inattendu. Montaigne constate que l'âge nous transforme physiquement et moralement ; tel n'est pas le sentiment de Pascal qui se trouve autant de « vivacité et de fermeté » à vingt ans qu'au moment où il écrit la pensée 771. Enfin le fragment 583 revendique carrément son originalité comme si ses futurs lecteurs pouvaient le soupçonner d'être un simple imitateur : « Ce n'est pas dans Montaigne mais dans moi que je trouve tout ce que j'y vois ».

On voit combien Pascal est partagé. On peut dire des rapports entre lui et le philosophe du XVIe siècle qu'ils sont faits de fascination et de répulsion. Il est nourri de Montaigne, il

1. Nous avons signalé dans le tableau sur les œuvres de Pascal le pseudonyme Amos Detonville (cf. page 42). Ce choix de pseudonymes serait à interroger.

en est un héritier, il en a retenu le portrait sans concessions de « la foiblesse et humaine ignorance » qu'il a repris en le noircissant mais dans une autre perspective. Le premier terme de la phrase qui retrace en six mots un parcours spirituel idéal, « Pyrrhonien, géomètre, chrétien : doute, assurance, soumission » (159) s'applique bien à Montaigne, comme la base stable d'une évolution qu'il convient de poursuivre jusqu'au bout, à l'exemple de Pascal lui-même.

– L'étape suivante du projet d'apologie se situe en mars 1656, à un moment où Pascal est engagé dans la rédaction des *Provinciales*. Sa nièce et filleule, Marguerite, souffrait d'une fistule lacrymale. Elle en est guérie par contact d'un reliquaire contenant la Sainte Épine[1]. Pascal envisage alors d'écrire **un ouvrage sur les miracles**, leur nature et leur sens, destiné à ses adversaires les Jésuites autant qu'aux athées. Il enquête donc sur les miracles, se renseigne, réfléchit en restant en dehors de la polémique publique déclenchée par le miracle de la Sainte Épine. Il est d'abord tenté d'interpréter la guérison de sa nièce comme un signe de la faveur de Dieu envers les Jansénistes accusés d'hérésie*. Les fragments sur les miracles, réunis dans les dossiers XXX à XXXII, sont parmi les plus anciens des *Pensées*. Puis il élargit son dessein, trop étroitement lié à l'actualité. L'œuvre prendra une ampleur plus générale. Les miracles apparaissent comme des signes de la vérité de la religion révélée et, plus encore, de l'amour de Dieu pour les hommes (cf. la citation de saint Augustin au fragment 158). Mais un signe n'est jamais clair, les miracles non plus, qui sont inefficaces pour convaincre les libertins. La véritable question est celle de l'aveuglement des hommes

1. Il s'agit d'un fragment de la couronne d'épines, symbole moqueur d'une royauté dérisoire, que Jésus porta pendant sa Passion.

devant les miracles. Nous sommes alors dans la perspective de l'Apologie qui fera la première place aux prophéties.

Un an plus tard, l'été 57, souffrant d'une rage de dents, le mathématicien oublie sa douleur en s'attelant à un problème sur la cycloïde. Sur les conseils du duc de Roannez, il publiera sous le pseudonyme d'Amos Detonville les solutions parce que, travaillant en même temps à *l'Apologie*, il voulut prouver par l'éclat de son intelligence que des esprits très brillants peuvent admettre la vérité de la religion chrétienne et adhérer à ses preuves. Bien des fragments datent de ce moment. À la fin de 1658, le travail est assez avancé pour que l'auteur le présente au cours **d'une conférence à Port-Royal** en donnant des précisions sur ses intentions et sur la méthode qu'il entend suivre. Mais sa santé se détériore ensuite au point qu'il abandonne toute recherche scientifique pour économiser ses forces. C'est le moment où il se retire du monde, vend ses biens et sa bibliothèque sauf la Bible et les œuvres de saint Augustin, exceptions éloquentes, et consacre sa vie à son grand œuvre.

II. Les sources des *Pensées*

Elles sont très nombreuses tant l'auteur a accumulé de documentation. Certaines sont évidentes, citées dans les brouillons ou pas, d'autres ont été mises en lumière par les critiques spécialisés. Retenons principalement :

– **la Bible**, Ancien et Nouveau Testaments, que Pascal connaît à fond. C'est « l'Écriture sainte », base du judaïsme et du christianisme. Juifs et chrétiens y reconnaissent la Parole directe de Dieu. On y trouve l'histoire du peuple juif, les grandes figures de l'alliance avec Yahvé, la loi de Moïse, les grands et les petits prophètes qui ont annoncé le Messie. Puis les quatre Évangiles consacrés à Jésus-Christ, sa vie, son enseignement, ses miracles, constituent autant de preuves de l'excellence du christianisme.

– Les œuvres de **saint Augustin**, non seulement *Les Confessions* et *La Cité de Dieu* mais les opuscules et sermons, rédigés dans une intention polémique liée à l'actualité du temps.

– **Les *Essais**** de Montaigne, et plus spécialement le second livre, qui contient l'apologie de Raymond Sebond, un théologien catalan du XVe siècle que Montaigne avait traduit. L'écrivain, alors en pleine crise sceptique, fait cependant officiellement acte de sa foi en Dieu, une attitude qu'on appelle « fidéisme ».

– **Des apologistes catholiques ou protestants**, certains encore connus des spécialistes, comme l'ami de Montaigne Pierre Charron, l'évêque Jean-Pierre Camus, le Hollandais Hugo de Groot dit Grotius, et d'autres complètement oubliés.

– Plus **les philosophes de l'Antiquité**, notamment **Épictète**, dont la connaissance formait la base de la bonne éducation humaniste depuis le siècle précédent.

III. Qu'est-ce que *Les Pensées* ?

Sous le titre de *Les Pensées de M. Pascal sur la religion et sur quelques autres sujets, qui ont été trouvées après sa mort parmi ses papiers*, parues en 1670, on désigne un ensemble disparate. Il s'agit, outre des manuscrits sur des sujets scientifiques prêts à être imprimés, d'une masse de feuillets très difficiles à déchiffrer, voire illisibles, certains découpés et réunis en liasses, d'autres non, tous raturés, surchargés. Sa famille, déçue par l'état désordonné des papiers du défunt, réticente à l'idée de publier des notes informes, se rendit aux raisons des religieux de Port-Royal. La mort a empêché l'écrivain de mener son projet à terme. Comment retrouver **l'intention précise de l'auteur et le plan** de l'apologie qu'il envisageait ? La question est complexe et il y a là-dessus autant d'avis que d'éditeurs. On ne pourra jamais retrouver l'ordre définitif des fragments car on ne pourra jamais reconstituer ce qu'aurait été l'œuvre achevée, à supposer que l'auteur eût déjà arrêté son choix. Les éditions successives ont suivi le parti qui paraissait le plus judicieux, jusqu'en 1896 qui vit le premier essai d'édition critique. Depuis lors, les spécialistes se sont efforcés de réaliser une édition exhaustive[1], offrant un texte exact et un classement aussi scientifique que possible. Réunir tous les fragments en un tout structuré est une mission impossible. C'est pourquoi les recueils des *Pensées* diffèrent sensiblement.

Si l'on s'en tient aux éléments les moins douteux, on se fonde sur le fragment 4 :

« 1re partie. Misère de l'homme sans Dieu.

2e partie. Félicité de l'homme avec Dieu.

Autrement [autrement dit]

1re partie. Que la nature est corrompue, par la nature même.

2e partie. Qu'il y a un Réparateur, par l'Écriture ».

Il est clair que la première partie accumulerait des constatations sur la nature humaine, effectuées en observant les réalités de la vie quotidienne. Puis l'ouvrage aurait montré, en puisant des preuves dans la Bible, que notre calamiteuse condition humaine est transformée par la foi dans le salut procuré par le sacrifice du Christ rédempteur. L'ensemble aurait démontré l'excellence du christianisme, seule religion vraie, et la fausseté des autres religions du Livre, judaïsme et islam. Hypothèse confirmée par les deux comptes rendus que nous avons conservés d'une conférence donnée au printemps 58 par Pascal. Il y a présenté son projet à ses amis de Port-Royal. Mais rien ne prouve qu'il n'eût pas changé ensuite d'avis.

On peut dégager des éditions les plus récentes des concordances approximatives sur un plan vraisemblable. L'édition de

---

1. 14 fragments encore inédits ont été publiés en 1962. La chasse reste ouverte…

Monsieur Michel Le Guern, indiquée par le programme, se présente comme suit :

Les 27 dossiers avec titre, comportant 362 fragments, ont été constitués par l'auteur vers 1658. Le premier s'intitule « Ordre », le dernier « Conclusion ». Nous devons étudier les dossiers II à VIII. Ce premier ensemble se compose en gros de deux parties. De I à IX, l'écrivain décrit l'homme, porte la lumière sur ses comportements futiles, contradictoires, absurdes et énigmatiques. De XII à XXVI, il explique ceux-ci à la lumière de la Bible et des dogmes chrétiens. XXVII tire la conclusion qu'il ne suffit pas de connaître Dieu, il faut l'aimer plus que tout.

Suivent des papiers non classés qui comprennent :

« Preuves de la religion par le peuple juif, les prophéties et quelques discours », divisés en 17 séries. Dieu a donné dans le passé des marques de la véracité de la religion judéo-chrétienne. Les prophéties sont des figures annonciatrices du Messie, elles sont manifestement réalisées par Jésus-Christ.

Des fragments sur divers sujets, les « Miscellanea », [mélanges], répartis en 12 séries. C'est une sorte de réservoir de réflexions en attente d'utilisation.

Beaucoup de ces fragments complètent, améliorent ou précisent les réflexions hâtives des liasses classées.

Miracles (3 séries). Ce sont les notes les plus anciennes (cf. plus haut la genèse de l'œuvre).

Des fragments inclassables tant ils sont hétéroclites, numérotés de 708 à 782. On y trouve

– des notes à contenu polémique datant de la rédaction des *Provinciales* et d'autres écrits de controverse religieuse, des arguments, des réflexions, etc. (742 par exemple)

– des notes préparatoires à des opuscules (sur la signature du Formulaire par exemple, en 715)

– des prières, des méditations (le célèbre Mystère de Jésus, 717)

– des notes de lecture (par exemple 739 ou 743 à propos d'une lettre de Descartes sur l'Eucharistie)

– un brouillon d'un traité sur le vide (744).

IV. Le dessein de l'auteur

En composant une apologie* de la religion, Pascal ne prétend pas communiquer la foi à son lecteur. En effet, la foi ne peut être donnée à l'homme que par Dieu lui-même, s'approchant de lui, le surprenant, venant à sa rencontre, se faisant reconnaître. Le Christ, Verbe de Dieu fait homme, donne accès au Père. Pascal pense qu'il est inutile de chercher à prouver l'existence de Dieu par l'exercice de la raison, la science ou la métaphysique, parce que ces voies peuvent conduire à un Dieu abstrait, désincarné, une pure idée, « la notion de divin », ce qui définit le déisme*. Ce n'est jamais la religion que le Christ a révélée, l'amour inlassable du Père pour ses enfants qu'il appelle à participer librement à sa nature divine. Les libertins s'imaginent que la religion consiste à adorer un Dieu tout-puissant et majestueux comme, si l'on ose dire, un super Louis XIV. Au contraire, le vrai christianisme est centré sur le mystère de Jésus-Christ humilié jusqu'à la Croix. Dieu est un Dieu caché. Pascal rejette l'argument ordinaire qui fait dire que le monde manifeste Dieu.

Le rôle de l'apologiste est modeste : il tente de **vaincre l'indifférence de ses interlocuteurs incroyants** qui ont perdu le souci de leur destin, et dorment dans une trompeuse tranquillité. Pour ce faire, il essaie de gagner leur confiance, de s'adresser à eux comme à des frères malheureux, en commençant son ouvrage par une analyse de la condition humaine propre à désespérer les libertins puis à leur faire convenir que seul le christianisme donne de cette condition une explication solide et fondée en raison. Démarche qui guérit autrui de son angoisse existentielle après avoir détruit les relatives certitudes que lui procurait l'exercice de l'intelligence mais qui l'encourageaient à l'outrecuidance*. Quant à ceux qui tournent le dos à la raison, ils s'identifient à la « bête brute », comme le célèbre libertin athée des Barreaux, évoqué fragment 389, que Pascal a peut-être connu.

Le fragment 101 rappelle que « à ceux qui ne l'[la religion par sentiment du cœur] ont pas, nous ne pouvons la donner que par raisonnement, en attendant que Dieu la leur donne par sentiment de cœur, sans quoi la foi n'est qu'humaine et inutile pour le salut ». Il ne suffit pas d'apporter des preuves, si fortes soient-elles. Il faut encore un acte de volonté de la part de l'incroyant, ce que Pascal essaiera de provoquer avec l'argument pragmatique* du pari. Oui, croire est une folie, comme l'a dit saint Paul, mais c'est une folie moindre que de ne pas croire. Cette démarche suit un plan original. En effet, la tradition du genre dévoilait d'abord le spectacle de la magnifique ordonnance de l'univers, ses merveilles, qui supposaient un Dieu Créateur et une Providence gérant le maintien de cette harmonie. On descendait ensuite de Dieu jusqu'à l'homme. Le cheminement de Pascal est plus saisissant. Il part d'un homme qu'il connaît bien parce qu'il le trouve à l'intérieur de lui-même avant d'entamer le dialogue, avec ses forces, ses résistances et ses faiblesses.

Par ailleurs il veut éliminer les croyances et doctrines philosophiques, devenues à la mode depuis un siècle et demi, derrière lesquelles l'homme se dissimule son ignorance de la Vérité.

Le texte

« Une extraordinaire plongée dans les ténèbres » (A. Adam)

Le programme de cette année invite à étudier sept dossiers préparatoires, classés et pourvus d'un titre, du deuxième, « Vanité », jusqu'au huitième, « Divertissement ». À première lecture, on constate que ces dossiers sont de longueur variable. Le plus court, « Ennui » (IV), groupe trois fragments, le plus long, « Vanité », en compte 38. Les fragments eux-mêmes sont plus ou moins développés, certains d'une seule phrase, voire une phrase elliptique (98), d'autres étendus sur une page ou plus, soigneusement rédigés comme l'attestent les très nombreuses modifications visibles sur les feuillets manuscrits.

Peut-on repérer un ordre dans la partie des *Pensées* au programme ? Assurément. Après le dossier I, qui aborde des questions générales de plan et de forme à adopter (lettres, dialogues ?), le dossier II aborde l'étude de la nature humaine, ce qu'on a appelé l'anthropologie pascalienne. Il porte sur la vanité, une notion aussi ancienne que la Bible. Dans un monde insaisissable, en perpétuel changement, l'homme se repaît d'apparences, de chimères, de mensonges. Le dossier III, « Misère », poursuit l'analyse en remarquant que les plaisirs de la comédie sociale une fois dissipés, l'homme se retrouve en proie à une profonde misère morale, dont les manifestations sont variées et la source unique. L'ennui (titre de la liasse IV) est une des conséquences les plus cruelles de la misère, il envahit celui qui a pris conscience de son néant.

À ce point de sa présentation, Pascal va proposer une explication approfondie du tableau qu'il a brossé, en cherchant la « Raison des effets » (dossier V). Il reprend pour cela quelques exemples qu'il a cités, il en fait une nouvelle analyse qui aboutit à un renversement de perspective. Les philosophes soulignent les insuffisances de l'homme mais ils n'en donnent pas d'explication satisfaisante, voire ils n'en cherchent pas. Il faut donc aller plus loin. On en vient ainsi à admettre que les pratiques ordinaires sont de moins mauvais choix. En dernière analyse elles peuvent contenir une part de raison, ce que disait le titre primitif de la liasse, « Opinions du peuple saines ».

Satisfaction bien modeste mais réelle, qui permet de repérer, au cœur de la condition humaine et malgré elle, une possibilité de grandeur, la capacité à instaurer la société (97). La faculté de penser atteste l'éminente dignité de l'homme (dossier VI).

Misère et grandeur de l'homme, telle est la contradiction fondamentale qui vient d'être posée. Le dossier VII « Contrariétés » en accumule maintenant les marques (cf. début de 110). La nature humaine, écartelée entre raison et instinct naturel, n'a été expliquée par aucun système philosophique. Seule la doctrine chrétienne peut rendre compte du « monstre » qu'est l'homme.

Il reste encore une notion à aborder dans l'analyse de la vie quotidienne. L'illustration la plus frappante de la misère de l'homme est donnée par le « Divertissement » (dossier VIII). Dans sa quête permanente du bonheur, l'homme s'empêche de regarder sa condition en face, en occupant son esprit de toutes les façons possibles.

La dernière phrase des extraits à étudier résonne de manière violemment pathétique* : « Que le cœur de l'homme est creux et plein d'ordure ! » (129).

Analyse succincte des dossiers

I. « Vanité »

C'est le plus volumineux des sept dossiers, avec ses 38 fragments. À première vue, on constate qu'il aborde la quasi-totalité des points qui auraient constitué la première partie de *l'Apologie* telle qu'elle est mentionnée au fragment 4. Sans la présence de Dieu dans sa vie, l'homme est misérable. Commençons par rappeler le sens de « vanité » à l'époque classique. La vanité est, étymologiquement, le caractère de ce qui est vide, dépourvu de valeur, d'intérêt ou de sens. Les dénotations du mot sont nombreuses, elles expriment à la fois la futilité, l'insignifiance, la fausseté, la caducité, le vide au sens figuré. Dans le domaine religieux, la vanité s'oppose à ce qu'il y a de plus authentique, de solide, d'éternel, de vrai, ce qui est digne d'être recherché en priorité. C'est une notion très ancienne, qu'on trouve en particulier dans l'Ancien Testament. Un des livres saints, *L'Ecclésiaste* [le Prédicateur], composé au IIIe siècle avant J.-C., a longtemps été attribué au roi Salomon (ce que croit Pascal, cf. 65), réputé pour son insondable sagesse. Il est en réalité d'un poète anonyme. Il s'ouvre et se clôt par un verset devenu célèbre : « Vanité des vanités, dit l'Ecclésiaste, vanité des vanités. Et tout est vanité ! ».

La vanité est un des aspects majeurs de la misère humaine, dans la mesure où l'homme attache du prix à ce qui ne le mérite pas, dupé qu'il est par les apparences et les « puissances trompeuses ». Comme le chien de La Fontaine (livre VI, fable 17), il lâche la proie pour l'ombre, si l'on ose dire. C'est que, fondamentalement « Nous sommes incapables et de vrai et de bien » (26, repris par 702), parce que nous ne savons pas discerner le vrai du faux, le bien du mal, le juste de l'injuste. Nous n'avons pas une référence sûre à quoi nous fier, par rapport à laquelle nous pourrions nous prononcer avec certitude, comme le font les savants qui mesurent et comparent. Pascal revient plusieurs fois sur cette absence d'un étalon, « un point indivisible qui soit le véritable lieu », mot à prendre au sens de « lieu géométrique ». Nous sommes donc condamnés à rester dans l'excès ou l'insuffisance, dans l'erreur par conséquent, faute de pouvoir nous situer dans « une assiette ferme et une dernière base constante » (185), « au « juste milieu » qui est impossible à déterminer (41).

À ce handicap naturel s'ajoute la vanité foncière des choses, qui ne valent pas l'attention que nous leur portons, et encore moins notre attachement. Le dossier cite plusieurs exemples. Le premier fragment (11) constate combien la ressemblance fortuite de deux visages déclenche le rire alors qu'il n'y a rien là de comique. Or le rire est le propre de l'homme, on pouvait penser qu'il riait à meilleur escient. S'amuser de rien n'est pas signe d'intelligence mais bien de vanité[1].

Autre vanité, l'art pictural (37). Selon l'esthétique héritée de l'Antiquité, la peinture a pour idéal de représenter la réalité le

1. Cette méfiance, pour ne pas dire plus, à l'égard du rire est une vieille tradition monastique. On prétendait que Jésus n'avait jamais ri puisque les Évangiles ne le mentionnent jamais. On se souvient du parti qu'a tiré de cette tradition Umberto Eco dans son célèbre roman *Le Nom de la rose*, avec le personnage du vieux moine aveugle et incendiaire.

plus exactement possible. La perfection d'un tableau consiste alors à imiter de façon parfaite le modèle, au point de tromper l'œil du spectateur. Pour Pascal, cette conception est sans intérêt ; il affirme que c'est le modèle qui est à admirer, tel qu'il est sorti des mains de son Créateur[1]. On se trompe donc de sujet d'admiration. Point de vue religieux qui ne fait aucun cas de la médiation de l'artiste, de son interprétation du monde et de son habileté technique. Que dirait Pascal devant une œuvre abstraite ?

Fait plus grave, les conditions même de notre vie sont source de vanité. Ainsi la manière dont nous nous insérons dans le flux du temps. La pensée 43, reprenant sans doute une idée de Montaigne (livre I, 3) montre l'homme entre le passé et l'avenir, toujours occupé de l'un ou de l'autre pendant que le présent, le seul temps « qui nous appartient », lui échappe. « Vain » prend ici tout son sens de « vide », d'inexistant. Dans ce vide, l'homme trouve des moyens, en s'appuyant sur le passé, de préparer l'avenir, seul objet de ses préoccupations mais irréel et insaisissable. Cela n'est pas vivre, et encore moins être heureux.

Le monde ne manque pas **d'autres vanités**, auxquelles nous donnons beaucoup trop d'importance. Ainsi **la quête de la gloire** ou **de la renommée** (34) que certains acceptent de payer de leur vie, « amusement » bon pour « des jeunes gens » immatures (45). Cette **vie elle-même**, dont l'amour paraît si fort et si naturel, peut être considérée comme négligeable comparée à d'autres valeurs telles la paix ou la guerre pour lesquelles certains se sacrifient (27). **Les sciences** exactes, affirme le fragment 21, sont vanité, puisqu'elles sont sans effet dans le domaine de l'éthique. Pascal était particulièrement bien placé

1. Pascal n'ignorait pas qu'on appelle « vanité » un genre de tableau qui représente, sous forme de nature morte, des symboles du néant du monde matériel, des apparences, des soucis futiles et la vie terrestre elle-même.

pour savoir que la maladie peut éloigner des hautes activités intellectuelles (26). Les **dignités sociales**, unanimement appréciées, sont tout aussi creuses. Les marques de respect adressées à un grand personnage ne sont nullement motivées par l'estime qu'on porte à sa personne ou à ses mérites, mais par la crainte de provoquer son agressivité en ne reconnaissant pas son rang supérieur, matérialisé par l'escorte de ses domestiques, ses gardes redoutables (les « trognes armées ») et sa bruyante fanfare. Au contraire, les usages peuvent aller au rebours du bon sens, comme la règle de succession monarchique par primogéniture. La pensée 28 a une portée critique très vive ; « Raisons des effets » reviendra là-dessus. Du coup, **la société s'apparente à un théâtre**, elle repose sur des conventions et des illusions reçues. Souhaite-t-on acquérir une bonne renommée là où on est établi, car ailleurs cela n'a aucune importance (29) ? On se fabrique, avec un déguisement, une image conforme aux usages en vigueur : « vénérable » magistrat entrant gravement à l'église, apparat impressionnant des tribunaux royaux, médecins en costume caractéristique, docteurs en théologie rivalisant ridiculement de longueur de robe. Ainsi paré, on est sûr de faire une impression « avantageuse » sur autrui. Toutes ces silhouettes croquées en quelques mots constituent des caricatures saisissantes de vie, elles ont une puissance satirique incontestable. Port-Royal a d'ailleurs jugé prudent de remplacer le magistrat au sermon par un juge au tribunal et le prédicateur par un avocat, ce qui nous fait mesurer l'audace de la dénonciation de la supercherie.

Quel est donc le principe qui régit les rapports entre membres d'une société ? **L'imagination**, « cette maîtresse d'erreur et de fausseté » (41) qui empêche la raison de s'exercer en se rendant indiscernable de celle-ci, influence nos perceptions et fait confondre de manière tout imprévisible la vérité et le mensonge. Elle va jusqu'à créer de l'irréel, telle cette allure majestueuse (23) que l'on croit voir au souverain, même quand il se présente sans l'apparat habituel. Elle exerce sa tyrannie dans tous les domaines, fondant des opinions qui ne sont en aucun cas des certitudes et dont nous ne pouvons jamais apprécier le degré de fiabilité. On en soutient donc d'« extravagantes » (31) sans sourciller. « Elle fait la beauté, la justice et le bonheur, qui est le tout du monde » (41). Prodigieux pouvoir !

Le fragment 41 accumule les exemples qui montrent la raison, le bon sens, et même le respect dû au sacré, bafoués de manière inattendue, voire choquante, et toujours absurde tant l'écart est démesuré entre la réalité et la perception qu'en donne l'imagination. Il est consternant qu'un respectable magistrat se mette à rire à l'arrivée d'un homme d'Église venu proclamer en chaire de « grandes vérités » religieuses. La disproportion entre les circonstances et la mention d'un « barbier » (aujourd'hui on pourrait parler par exemple de papier toilette, qui serait aussi incongru) est considérable. Mais il est encore plus scandaleux, peu après, que ce même « sénateur », malgré sa longue expérience, ait son jugement faussé par l'aplomb d'un avocat, convaincu du bon droit de son client grâce à des espèces sonnantes.

D'ailleurs **la notion de justice** est fort malmenée dans le dossier II. Les fragments 26, 31 et 47 nous donnent d'elle une piètre idée. L'équité reste un idéal qu'on ne saurait atteindre car elle est trop fine pour notre esprit (41). Il n'est pas jusqu'à cette loi qu'on pourrait croire universelle, « Tu ne tueras pas », qui ne soit mise en question par un critère purement accidentel. Si quelqu'un « demeure au-delà de l'eau », le tracé de la rivière en fait mon ennemi si mon roi a déclaré la guerre au sien. Je pourrai alors le tuer impunément et ce sera même un honneur pour moi. Pascal reviendra ailleurs sur cette énormité (47 et 56).

La condition humaine est marquée par diverses misères, comme la ténuité des effets et des causes : une mouche[1] peut déterminer le sort d'une bataille (20), empêcher de se consacrer à des affaires d'importance par son bourdonnement intempestif (44) ; l'amour de César et d'Antoine pour Cléopâtre change le cours de l'Histoire (42). Il suffit de la longueur plus ou moins grande d'un nez de femme pour déterminer la fin du premier siècle avant Jésus-Christ (392) ! C'est toujours le constat d'une disproportion effarante entre les enjeux et les motifs de nos actes. Les **passions** aussi sont source de tromperie et d'erreur, au même titre que l'intérêt personnel, les sens, les souvenirs, l'éducation, la maladie.

Pris entre les deux infinis du temps et de l'espace (38, 39), l'homme est par nature matériellement limité. Telle est la cause de son **inquiétude** existentielle, au sens étymologique latin d'agitation permanente. Pour y échapper, il recherche le divertissement, qui apparaît dans les pensées 33 et 36, avant d'occuper tout le dossier VIII. C'est le moyen de se dissimuler la cruelle réalité.

On le voit, « Vanité » trace un portrait accablant de la condition humaine. La raison, que la philosophie grecque assurait différencier l'homme des animaux, loin d'être une indiscutable supériorité pour trouver le vrai et le bien est une faculté dérisoire et humiliée. La folie est générale. L'homme se croit maître du monde, à tort. Son seul moyen d'échapper à sa condition est d'accepter la grâce donnée par Dieu, perspective qui est présente dès le probable début des *Pensées*.

1. Au XVIIe siècle, le mot peut désigner une abeille ou un insecte piqueur.

II. « Misère »

Le dossier « Misère » rassemble 23 fragments, dont certains reprennent des idées présentes dans « Vanité ». Il embrasse une matière plus large que le précédent car la vanité n'est qu'une des causes de la misère, autant par exemple que la conscience que l'homme finit par en prendre. De façon générale, la misère de l'homme vient du fait de « vouloir et ne pouvoir » (71), contradiction fondamentale de celui qui aspire au bonheur, à la vérité, mais est incapable de les obtenir et s'en rend compte. Or il est également incapable de renoncer à chercher ces biens inestimables. Il pourrait adopter la solution des « braves pyrrhoniens », le « doute et suspension perpétuelle » (56). Mais cette attitude est intenable parce que l'esprit a besoin de certitudes (cf. 73). Il va donc se forger de l'objet de ses désirs une image fausse, de façon à le croire à sa portée. C'est ce que montrent les formes d'idolâtrie où l'homme est allé jusqu'à se faire des dieux d'animaux à qui il rendait un culte (49). Il faut reconnaître qu'un bœuf est plus aisément saisissable par l'esprit que le Dieu formidable qui s'adresse à Moïse dans le buisson ardent.

La **misère** est soit un **état d'indigence** qui prend des formes très diverses soit une **bassesse morale**. Pour le premier sens, les deux grandes illustrations que donne l'ancien Testament sont les figures de Job et de Salomon (65). Elles expriment de manière pathétique* la question éternelle du mal et du malheur sur terre. Mais le roi Salomon peut représenter aussi le parangon* de la gloire, un souverain apparemment comblé, qui se plaint paradoxalement du néant des satisfactions matérielles (382).

Pascal revient sur l'état de la raison, « cette superbe raison », « cette belle raison corrompue [qui] a tout corrompu ». L'ironie était déjà chez Montaigne. L'apologiste parle ni plus ni moins de « l'achever » pour lui enlever définitivement la prétention de parvenir à conquérir un jour des certitudes par ses seules forces. S'inspirant encore de *l'Apologie de Raymond Sebond*, Pascal redit que la notion de souverain bien, visée de toutes les philosophies, varie au point que les *Essais* en comptent 280 (387), et il en énumère quelques-uns, accumulation passablement hétéroclite (56). Il consacrera à cette question importante le dossier X. Mais l'homme n'est pas non plus capable de connaître rationnellement ce qu'est son âme ou, dans le domaine de « la matière », « le propre corps qu'elle anime ».

On ne peut s'entendre sur le but premier, il en va donc encore moins sur les **fondements de la justice**, incapacité majeure pour le bon ordre des sociétés. L'équité consiste alors, par défaut, à suivre les coutumes du pays et la loi obéit à la mode. On se trouve du coup devant un chaos de lois dans lequel tout apparaît relatif, même celles qu'on pourrait croire issues de principes fondamentaux « naturels ». On voit donc considérés comme légitimes, « le larcin [le vol], l'inceste, le meurtre des enfants et du père », le droit de tuer son prochain à la guerre, la propriété fondée sur la prise de possession d'un bien par le premier venu, sans base contractuelle (60). **Il n'existe pas de loi universellement acceptée.** C'est le sens de la fameuse formule « Plaisante justice qu'une rivière borne ! Vérité au-deçà des Pyrénées, erreur au-delà. » (56). Comme l'autorité des lois vient du hasard et des usages locaux, de l'espace géographique et du moment, il est prudent que le peuple continue à ignorer ce caractère aléatoire et reste dans l'illusion qu'elles sont l'expression de la justice. Sans quoi il refusera de leur obéir (56, 62, 63) et ce sera l'anarchie, comme celle provoquée pendant la Fronde par le souhait de certains d'en changer. De toute façon, les lois qui remplaceraient les anciennes seraient aussi inéquitables et aussi infondées. Ainsi le maintien de l'ordre repose sur un mensonge baptisé « justice ». Le droit n'a pas d'autre origine !

Du fait de l'extrême diversité du faux, **rien n'est immuable**, tout est dans une instabilité permanente inhérente à notre insertion dans le temps (52, 56, 64 et 185 : Tout « nous glisse et fuit d'une fuite éternelle ; rien ne s'arrête pour nous. ») : les rois n'y échappent pas plus que leurs sujets. Une révolution, une abdication ou une défaite militaire et c'en est fini de leur pouvoir (58). La diversité de ce qui fait la vie provoque l'inconstance. Nous courons derrière un objet qui semble pouvoir satisfaire notre désir d'idéal, persuadés que nous le trouverons, ce qui est une illusion. En saisissons-nous un ? la réalité nous déçoit, elle est trompeuse et vaine (69), voire elle nous fait aller d'une pseudo-satisfaction vers un nouveau besoin. L'homme ne sait donc comment choisir la meilleure façon de faire bien. Par exemple l'admiration que l'on exprime ou que l'on feint d'éprouver devant des enfants méritants les pervertit en les rendant vaniteux. À l'inverse, les enfants qu'on n'encourage pas en les félicitant ne cherchent pas à bien faire. C'est tomber de Charybde en Scylla. Le point d'équilibre dont parlaient les fragments 41 et 185 reste introuvable (68).

Si les domaines de l'action et de la connaissance (science, force matérielle, esthétique) sont confondus et rivalisent à qui l'emportera, la tyrannie s'installe.

Ainsi l'homme reste face aux éternelles questions existentielles qu'énumère le fragment 64 et que reprend le fragment 398. Nous sommes **pétris de contradictions tant notre nature est double**. Une métaphore musicale exprime parfaitement ce constat (51) : l'homme est comme un instrument de musique désaccordé. La recherche d'un bien pousse souvent vers le mal qui lui est inverse (50).

Face à un tel état de choses, Pascal laisse entrevoir des remèdes. D'abord se connaître soi-même pour régler sa vie en fonction de ses limites, c'est-à-dire assumer sa condition misérable (68) sans la cacher ni se la cacher, en toute humilité. Puis une citation en substance de *L'Ecclésiaste* fait référence au « malheur inévitable » de « l'homme sans Dieu ». La solution à la misère est déjà discrètement donnée.

III. « Ennui et qualités essentielles à l'homme »

Le dossier « Ennui », un des plus courts des liasses classées, groupe trois fragments. Le mot de « ennui » est à prendre dans son sens classique, plus fort qu'aujourd'hui. Il désigne un état d'abattement causé par une souffrance, souvent morale. Un sentiment de vide ronge l'esprit, provoquant découragement, apathie, absence d'intérêt pour quoi que ce soit. **L'ennui est une conséquence de la misère**. Après l'instabilité et la frénésie de la chasse au bonheur, vient le temps de la prostration. Nous retrouvons encore une fois la contradiction entre la réalité de la nature humaine et les aspirations, le « désir d'indépendance » et les « besoins » de l'homme (73). S'il est sans loisir, sans passion, le néant de sa vie, sa vanité, lui deviennent insupportables. « L'ennui, de son autorité privée, ne laiss[e] pas de sortir du fond du cœur où il a des racines naturelles, et de remplir l'esprit de son venin », affirme le fragment 126 dans une étonnante image évoquant à la fois un arbre solide et un serpent mortel. L'évasion permet de lutter contre ce mal, autant par le dépaysement, la nouveauté, qui occupent l'attention, que par l'orgueil (72) qui permet ensuite de briller en société[1]. C'est le motif profond du divertissement et il souligne la vanité de la curiosité, celle qui consiste à voyager non pour découvrir le monde et ses habitants mais pour faire parade de ses connaissances. L'inconvénient du changement temporaire, outre une possible déception, est

1. Heureux temps qui ne connaissait pas l'appareil photo ni le caméscope pour infliger à autrui des souvenirs audiovisuels, après lui avoir fait le récit détaillé de ce dernier voyage touristique !

qu'une fois la « récréation » finie, la reprise de la vie ordinaire apparaît pénible par comparaison, quand bien même celle-ci se passait sans déplaisir auparavant. « Rien n'est plus ordinaire que cela » (74) peut-on dire avec Pascal en regardant la mine de nos proches le lundi matin ou au début de septembre. Voilà un plaisir chèrement payé et une situation empirée. Remarquons au passage la référence à l'expérience de la vie conjugale, qui pourrait fournir le sujet d'une comédie ou d'un drame.

IV. « Raisons des effets »

Ce titre un peu énigmatique emprunté à la physique du temps désigne l'explication de faits constatés. Il s'agit maintenant de **rechercher les causes des misères** exposées dans les dossiers précédents. On entre dans une partie d'explication de la condition humaine. C'est pourquoi plusieurs exemples déjà cités vont être repris et examinés sous un point de vue nouveau, de façon à préciser, nuancer, voire corriger les premières analyses en les dépassant. Prenons les quatre laquais du fragment 17 : ils sont une marque d'importance sociale pleine de vanité aux deux sens du mot. Or une telle escorte manifeste publiquement la puissance d'un grand seigneur (82), de même que sa toilette montre sa fortune (88). Autant de signes de sa force : il est alors « très raisonnable » de s'incliner devant plus fort que soi. Sinon, gare les coups (cf. le bâton de 81). Les marques de respect dues aux grands, dénoncées au fragment 30, sont jugées ici « très justes » car elles fonctionnent comme des offres symboliques de service actif ; de plus, elles permettent de mettre en évidence la hiérarchie sociale (75), pour le plus grand avantage pratique de la noblesse (95). Le sentiment de l'honneur et le souci de la gloire poussent chacun à acquérir des « biens essentiels » (93). Enfin, la loi de primogéniture, absurde quant à la compétence d'un prince placé sur le trône à la mort de son père (28), elle est un mal « ni si grand, ni si sûr » puisqu'elle évite les sanglantes guerres civiles de succession. Le souvenir de la Fronde hante toujours l'écrivain (87). Dans tous les cas la vieille convention coupe court aux risques de contestation armée. Même les divertissements nécessités par la prise de conscience de notre misère peuvent se révéler source de beauté (89, cf. 93 sur la chasse).

On comprend que, contrairement à ce que déploraient les dossiers II, III et IV, nos comportements peuvent s'expliquer par des motifs impérieux et répondre à des finalités d'ordre social, en servant de normes intangibles. Chercher la raison des effets aboutit à justifier bon nombre de ceux-ci.

La seule règle incontestable des rapports entre les hommes est le pouvoir que donne la force physique. La justice étant hors de notre portée, nous qualifions de « juste » ce à quoi nous sommes contraints de nous plier (78). Situation absurde, certes, mais qui garantit la stabilité de la société. La comédie de la majesté jouée par les magistrats et autres dignitaires en bonnet carré est nécessitée par la vanité de leur profession, toute tissue d'imaginaire. La loi, appuyée sur la force, fait exécuter grâce à un système de menaces ou de coercition ce que ne ferait pas spontanément la nature originelle (94). Vice versa, la force tire sa légitimité de la justice. Ainsi ce qui est fort devient juste. On évite de cette façon **la loi de la jungle**. L'ordre ainsi établi est d'origine très contestable mais il est solide (76). La paix, « qui est le souverain bien » pour Pascal, et pour saint Augustin avant lui, est assurée. La justice authentique n'existe que dans l'Église car elle émane de la charité (78).

Fenêtre sur la concupiscence

La concupiscence est le penchant à jouir des biens terrestres. C'est une notion importante dans la théologie chrétienne. Elle apparaît à 27 reprises dans les *Pensées*. Saint Paul oppose la convoitise de « la chair » à l'Esprit saint qui émane de Dieu. L'homme a en lui une force qui le pousse à commettre des actes mauvais malgré l'amour de Dieu pour lui et l'amour qu'il porte à Dieu. Cette force n'est pas en soi un péché mais elle y induit. Plus tard, saint Augustin a fixé le dogme de l'Église sur la concupiscence. Il en affirme le caractère inné et, suivant l'apôtre saint Jean, en distingue trois formes que reprend Pascal (474) :

– **la concupiscence des sens**, qui incite à la luxure, à la gourmandise, à l'ivrognerie, à la paresse, aux plaisirs excessifs de l'ouïe et de l'odorat. C'est l'erreur d'Épicure selon Pascal.

– **la concupiscence du savoir**, qui incite à la curiosité gratuite (cf. 72) ou à la prétention d'accéder à la vérité par la seule raison, comme le prétend Descartes.

– **la concupiscence de la domination**, qui est la volonté de puissance sur autrui, l'amour de la gloire, et pousse à l'orgueil, péché qui revient à se croire l'égal de Dieu. C'est l'erreur du stoïcisme.

On reconnaît dans « ces trois fleuves de feu » les péchés capitaux et les passions mauvaises qui mènent à la perdition (cf. 110).

La voie du salut n'est pas le rejet de la concupiscence, car s'élever contre la nature et contre le corps serait faire injure à Dieu le Créateur. Elle consiste à ne pas y céder volontairement.

La concupiscence est la conséquence du péché des origines. Désormais le « vilain fond de l'homme » (197) gâte tout. Les trois concupiscences débouchent sur l'idée des trois ordres (cf. fenêtre page 64).

Outre de la force, nos actions volontaires naissent de la concupiscence* (90). Qu'est-ce à dire ? Ce mot est déjà apparu dans le fragment 70 à propos d'une sorte d'équilibre entre la satisfaction de ladite concupiscence et l'organisation d'une société tolérable. Le terme désigne en théologie les pulsions, les envies, les besoins qui nous poussent à désirer parmi les biens sensibles, matériels, terrestres quelque chose que nous pensons excellent mais qui ne l'est pas en fait. De là vient sa dénotation négative dans le domaine de la morale. La concupiscence*, marque de notre déchéance spirituelle, nous égare loin de l'essentiel qui est Dieu. Aujourd'hui, le mot désigne le seul désir sexuel. Le fragment 90 fait de cette inclination naturelle le fondement de la vie mondaine. Elle figurera dans le dossier suivant (97, 109) comme une preuve de la grandeur de l'homme, capable de tirer d'un vice de nature des effets positifs, stabilité politique, civilisation policée.

« Raisons des effets » est le lieu d'un étonnant changement de perspective. À savoir que Pascal établit une hiérarchie entre les manières d'appréhender le monde et d'interpréter les règles sociales. Tout se passe comme si l'humanité se répartissait selon la façon plus ou moins éclairée de comprendre les mœurs (83). Au niveau le plus modeste, le **peuple** observe certains usages immémoriaux dont il ignore le sens. Au-dessus de lui, les **demi-savants** ou **demi-habiles** constatent ces us, leur trouvent un sens et en dénoncent l'absurdité sans en pénétrer le sens profond caché. Cette catégorie croit cependant tout savoir « et f[ait] les entendus » parce qu'elle impose au peuple sa prétendue autorité. Elle constitue un sérieux obstacle à la découverte du vrai. Plus au-dessus se trouvent ceux qui perçoivent les vraies raisons des faits et les comprennent complètement. Ceux-là sont **les véritables savants** que les apparences ne dupent pas. Au degré encore plus haut, les **dévots** jouissent des lumières que donne la piété chrétienne. Ils ne se laissent pas duper eux non plus mais refusent de se conduire comme le peuple. Tout au-dessus, « **les chrétiens parfaits** », éclairés qu'ils sont « par une autre lumière supérieure » venue du Ciel, ont la vérité mais jugent sage de se conformer aux usages du peuple, par une sorte de boucle dialectique qui fait se rejoindre les extrêmes[1]. Leur comportement est celui du premier niveau mais « une pensée de derrière » (84) les fait accéder à la compréhension profonde du dessous des cartes. On trouve ainsi une pyramide à cinq étages, trois en accord avec une vérité, deux dans une erreur relative. Le fragment 493 en donne deux exemples, l'un concernant saint Augustin qui, à propos du pari sur la foi, n'est pas monté jusqu'à la dernière marche (nous devons parier pour l'existence de Dieu), l'autre à propos de Montaigne qui n'a pu comprendre de quoi la coutume, qu'il dénonçait, tirait sa puissance. Le peuple a donc bel et bien des opinions justes mais il se trompe sur ce qui est vrai, il situe la vérité là où elle n'est pas, ce qui revient malheureusement pour lui à avoir un jugement erroné. (86).

Fenêtre sur les trois ordres

Pascal distingue les valeurs que reconnaît notre société selon une gradation ternaire, les « ordres » (290).

Le premier ordre est celui **du corps, de « la chair »,** il concerne les réalités physiques, matérielles ou biologiques. Il se traduit par la primauté de la force, le goût du pouvoir qu'elle procure, les grandeurs qui accompagnent les puissants de ce monde.

Le deuxième ordre est **celui de l'esprit, de l'intelligence**. Il concerne les certitudes partielles que donne l'usage

1. Le fragment 77 constate la même boucle, « deux extrémités qui se touchent », dans le domaine des connaissances.

de la raison, de la science, de l'expérimentation. C'est le monde des savants.

Le troisième ordre est **celui de la charité, de la sagesse** divine. Il est surnaturel. C'est le monde de Jésus et des saints. Jésus-Christ est au centre de la charité. C'est lui qui refait de l'homme dérisoire une créature capable d'être en relation avec Dieu.

Il est important de noter que cette organisation correspond à un modèle mathématique, celui des puissances numériques qu'on ne peut additionner entre elles. L'ordre supérieur contient le ou les ordres inférieurs, la réciproque n'est pas vraie. « La distance infinie des corps aux esprits figure la distance infiniment plus infinie des esprits à la charité, car elle est surnaturelle », ainsi commence le fragment 290.

La vérité est une notion bien complexe. Pascal a constaté que l'expérience offre parfois deux vérités qui semblent contradictoires. Notre comportement habituel est de choisir celle qui nous arrange le plus et de rejeter l'inverse. Pascal nous propose de nous demander si le contraire de ce qui nous paraît une vérité ferme ne serait pas vrai également. Car les vérités qui, à un niveau donné paraissent contradictoires, sont conciliées à un niveau supérieur. Au sommet, toutes les contradictions sont résolues en Dieu et en Jésus-Christ. La dernière phrase de la pensée 639 est un exemple frappant de ces renversements qui ne sont absurdes qu'en apparence : « Les prophéties citées dans l'Évangile, vous croyez qu'elles sont rapportées pour vous faire croire ? Non ; c'est pour vous éloigner de croire. » Allusion à une démarche spirituelle indiquée par Jésus au peuple juif.

Ainsi Pascal pratique le « renversement continuel du pour et du contre » (86) des conclusions qu'il tire, de façon à laisser le lecteur désorienté. Cette démarche originale est éclairée par le fragment 121.

La conclusion du dossier V est analogue à celles des dossiers précédents. Elle est exposée aux dernières lignes du fragment 91 : « Il faut se tenir en silence autant qu'on peut, et ne s'entretenir que de Dieu qu'on sait être la vérité ». Attitude de soumission et d'humilité du croyant traduite par un mode de vie ascétique quand on a trouvé Dieu.

V. « Grandeur »

Ce dossier, constitué de quatorze fragments, présente ce qui fait la grandeur de l'homme, mais celle-ci n'est, à la vérité, qu'une autre face de sa misère. L'écrivain pose d'abord, à la suite de Descartes, notre supériorité sur les animaux. Les bêtes ne sont que des mécaniques animées, dépourvues d'esprit, d'âme et de pensée, mues par le pur instinct (96). Le perroquet, quoique capable d'imiter la voix humaine, a un comportement machinal (98). Il y aurait là de quoi nous rassurer quant à notre supériorité. Loin s'en faut ! La liasse VI s'attache comme la liasse II à **rabaisser la raison** que Descartes avait placée à la base de sa philosophie. C'est que pour Pascal, au-dessus du raisonnement, qui permet d'accéder à une part de vérité, il existe en l'homme une autre manière de connaître, c'est de **connaître par le cœur**. Ce mode d'appréhension, qui repose sur l'intuition et passe par le sentiment, nous fournit « les premiers principes » sur lesquels nous allons nous appuyer pour fonder solidement notre jugement. Les Sceptiques, et Pascal vise ici Montaigne, dénoncent la vanité des prétentions de la raison mais ils laissent l'esprit dans une fâcheuse instabilité. Nous avons pourtant en nous des clartés naturelles qui nous procurent des certitudes. Pascal refait à sa manière le célèbre *Cogito ergo sum* de son illustre aîné.

Instinctivement nous sommes sûrs des trois dimensions de « l'espace, temps, mouvement, nombres » infinis (101). En prenant appui sur ces principes de base, la raison, fortifiée, travaille à établir d'autres certitudes. Mais en matière de foi, seul le cœur peut recevoir la certitude donnée par Dieu. Nous avons vu que l'apologiste, lui, ne peut procéder que par raisonnement, qui viendra étayer l'élan du cœur du croyant (101). Pascal confirme bien les deux natures de l'homme, « instinct et raison », l'une qui fait ressentir les choses, l'autre qui démontre, en recourant à l'expérience dans le domaine des sciences (cf. 119). L'imbrication de nos deux natures fait la prise de conscience simultanée de notre grandeur et celle de notre misère. C'est « être misérable que de se connaître misérable, mais c'est être grand que de connaître qu'on est misérable » (105). La misère est une conséquence de la connaissance de soi, mais se connaître tel qu'on est est une forme de grandeur. Encore un retournement dialectique.

La grandeur humaine provient d'une autre source, la pensée, qui distingue le genre humain des autres règnes de la nature. Le fragment 104 commence par le célèbre oxymore « Roseau pensant » qui sera développé au fragment 186 : l'homme est un être fragile, éphémère mais la lucidité sur sa condition et l'exercice de sa réflexion l'élèvent au-dessus des forces matérielles inertes capables de l'anéantir. Il est donc « encore plus noble que ce qui le tue ». **La pensée nous confère une indéniable grandeur**, elle qui peut embrasser intellectuellement le monde dans sa vastitude. C'est le point fixe qui nous manquait. La contradiction entre la misère et la noblesse trouve son explication dans le péché des origines, qui a fait perdre à l'homme son état initial auprès de Dieu. Cette déchéance reste alors pour lui une plaie ouverte dont il est inconsolable (108) comme un roi qui aurait été chassé son trône. Il sait qu'il a perdu quelque chose et ce qu'il a perdu. D'ailleurs on ne regrette que ce qu'on a perdu. C'est là la cause de notre misère.

VI. « Contrariétés »

Treize fragments sont assemblés sous ce titre. Une fois encore, le terme n'a pas son sens moderne. Ici il est synonyme de « contradictions » (titre du fragment 67 dans « Misère » et premier mot de 114), d'opposition entre deux contraires. La nature antithétique de l'homme en fait le lieu géométrique du choc de deux réalités inconciliables, source de tiraillement pour le moins, voire d'écartèlement, de misère encore à coup sûr. Le lien avec les fragments précédents est explicitement indiqué en tête de la liasse, « Après avoir montré la bassesse et la grandeur de l'homme. » « Contrariétés » va aligner une série de contrastes jusqu'à la conclusion de la pensée 121 : « [je] le contredis toujours jusqu'à ce qu'il comprenne / qu'il est un monstre incompréhensible », c'est-à-dire que l'auteur surenchérit par ses commentaires sur la réalité qu'il montre.

Pascal était bien placé pour constater les contradictions inhérentes à tout homme. Sa personnalité en était pleine. Il fut toujours partagé entre l'angoisse et la certitude, la souffrance et la joie, l'impatience et la soumission. C'est pourquoi il cherchait l'union des contraires. L'image du cercle est constante sous sa plume, c'est le lieu où les extrémités se rejoignent, comme en Dieu se rejoignent l'infiniment grand et l'infiniment petit.

Dès le fragment 110 nous trouvons de pareils exemples : « s'aime ; capable de bien » est repris à rebours par « se méprise » ; se haïsse ; capacité vide », « connaître la vérité vs point de vérité, ou constante, ou satisfaisante ». Ces antithèses sont renforcées par les expressions « qu'il s'aime vs qu'il n'aime pas ; qu'il se méprise vs mais qu'il ne méprise pas... » L'idée est qu'il faut aimer ce qui est bon en l'homme mais détester en même temps sa part de mal. Sa capacité à faire ce qui est bien est louable mais elle est inefficace en l'état et l'homme ne fait pas naturellement le bien, il est donc méprisable. Sa capacité à connaître le vrai est louable mais elle est tout aussi inefficace et l'homme, dépourvu de vérité, est méprisable. Il a des moyens appréciables à sa disposition mais la façon de les mettre en œuvre lui fait défaut.

Fenêtre sur les Sceptiques ou Pyrrhoniens

École philosophique fondée par Pyrrhon (IVe-IIIe s. avant J.-C.), qui refuse de trancher entre le stoïcisme et l'épicurisme, les deux grands systèmes opposés entre eux. Pyrrhon soutient que rien n'est certain. Il ne dit même pas « Je ne sais pas », ce serait affirmer quelque chose, mais « Que sais-je ? ». Cette doctrine estime que toutes les opinions se valent et qu'aucune n'est plus sûre que les autres, au contraire de ce que pensent les « dogmatistes » qui affirment ce qu'ils considèrent comme des certitudes. Nos sens sont incapables de nous dire le vrai et le faux du monde. Il est donc impossible d'être assuré de quoi que ce soit. Le but suprême du philosophe sceptique est la paix de l'âme (l'ataraxie, cf. 56), que procure le refus de rien trancher. À partir du XVIe siècle, les Sceptiques remettent en cause la métaphysique, les dogmes religieux, les notions spirituelles et se tournent vers l'établissement de constats scientifiques indubitables. Dans le domaine de la morale, ils recommandent de se conformer aux usages en vigueur, sans être dupes de la valeur de ce parti pris conservateur.

Pascal, qui connaît parfaitement les opinions sceptiques de Montaigne, juge les pyrrhoniens redoutables. Il n'a de cesse de les combattre car en refusant d'affirmer ils ne peuvent se tromper. « Ils sont neutres et indifférents » sur les grandes questions, ce qui fait leur force. De plus, ils ont fait des émules au XVIIe siècle parmi les libertins, ce qui rend plus ardue la tâche d'un apologiste. Pascal revient souvent sur cette philosophie (21 occurrences dans les *Pensées*) parce qu'il en mesure la solidité et veut en dénoncer les limites. « La cabale pyrrhonienne », terme bien méprisant, s'en tient à une « ambiguïté ambiguë et dans une certaine obscurité douteuse » (100). Mais tout homme a gardé en lui un peu de lumière divine et l'intuition des premiers principes. Pascal reconnaît toutefois qu'ils ont raison de soutenir que la vérité dépasse nos possibilités et qu'elle a sa demeure au ciel (122). Le doute devrait donc aboutir à se soumettre aux dogmes du christianisme (159).

Aucun système philosophique n'a pris en compte la dualité humaine, tous n'en ont vu qu'un aspect sur deux. Les dogmatistes, c'est-à-dire les penseurs qui adhèrent à des vérités qu'ils pensent fermement établies, affirment la grandeur de l'homme « selon sa fin », qui est de pratiquer le bien (cf. 118). De leur côté, les sceptiques soutiennent au contraire qu'il est vil, à en juger d'après sa conduite ordinaire. Ils n'ont pas tort. On peut douter de la solidité des principes prétendus naturels, de la nature de la vérité et du bien. Et tous de conclure d'une façon qui conduit l'adversaire à tirer la conclusion inverse. C'est « un cercle sans fin » qui met en échec toute la philosophie.

Pascal renvoie les uns et les autres dos à dos, après avoir examiné les positions en présence comme il l'avait fait dans son *Entretien avec Monsieur de Saci* : « En un mot, l'homme connaît [sait] qu'il est misérable. Il est donc misérable puisqu'il l'est, mais il est bien grand puisqu'il le connaît » (113). Nous avons déjà rencontré un constat identique au fragment 105 et un pareil type de raisonnement par renversement permanent.

Reste que les dogmatistes soutiennent qu'il existe des principes naturels que l'on peut connaître moyennant « la bonne foi et la sincérité ». Pascal va reprendre à son compte l'idée (cf. 101) que, par ce moyen, on peut dépasser l'attitude des sceptiques. Même si l'on met tout en doute, y compris la réalité de la vie qui pourrait être un songe, une simple illusion, même si le sommeil était un état de veille et vice-versa, il serait extravagant de notre part de douter de notre propre existence. Voilà au moins une certitude, fort modeste au demeurant. Mais elle n'a rien de rationnel. Ainsi « la nature confond les pyrrhoniens » mais elle est trop faible pour nous faire accéder à la vérité. Inversement, « la raison confond les dogmatistes » mais elle ne peut aller plus loin tant elle est impuissante à expliquer l'énigme de notre nature.

Le fragment 116 dénonce dans ce que nous croyons venu de la nature l'effet de la coutume, qui est selon la formule fameuse, une seconde nature (117) parce que la soi disant première nature n'est elle-même qu'une première coutume que détruit la suivante. Pascal a trouvé dans l'essai I, 23 une anecdote amusante à propos de violences exercées par un fils sur son père en vertu d'une tradition familiale. À preuve d'ailleurs, l'amour filial qui peut disparaître avec l'âge. S'évanouirait-il s'il venait réellement de la nature ? Non. Les coutumes variées, dont nous avons vu qu'elles fondent l'autorité des lois (56), engendrent des principes aussi variés, diversité qui trahit en effet l'absence d'origine naturelle (116).

Fenêtre sur le péché originel

Il faut partir de ce qu'on a appelé longtemps « le péché originel » ou « faute des origines ». Le premier livre de la Bible, la *Genèse*, raconte comment nos premiers parents, Adam et Ève, une fois créés par Dieu, furent placés dans le jardin d'Éden, où ils vivaient un bonheur parfait et étaient voués à l'immortalité. Mais ils reçurent l'interdiction de manger le fruit de l'arbre de la connaissance du bonheur et du malheur, sous peine de devenir mortels. Le serpent les poussa à enfreindre l'interdit, en prétendant que cette défense venait de la crainte de Dieu que les hommes ne devinssent égaux à Lui. Cette tentation était très habile. En mangeant le fruit de l'arbre défendu, Adam et Ève provoquèrent une catastrophe. Devenus mortels, chassés du Paradis, ils furent condamnés à travailler pour se nourrir, sans parler d'autres peines. Par sa faute, le premier homme a détruit l'harmonie dans laquelle il vivait avec son Créateur, l'harmonie avec lui-même, l'harmonie entre lui et l'univers. Plus grave encore, ses descendants sont marqués par cette faute, ils sont tous habités par un penchant invincible à commettre le mal (cette propension est « la concupiscence », voir la fenêtre page 62 ci-dessus). La nature humaine est définitivement corrompue. Il y a un avant et un après le péché des origines. Notre liberté et notre volonté, qui restent entières, sont prises dans une histoire qui pèse sur nos comportements. Cette doctrine dit quelque chose de fondamental sur la condition humaine. Nous sommes en quelque sorte précédés par le mal.

Mais l'histoire de la faute d'Adam ne peut être séparée de sa suite. Dieu laisse entrevoir à Adam qu'un envoyé (un messie) viendra rétablir l'humanité, la racheter[1] et lui offrir d'être sauvée de la malédiction. C'est la mission de Jésus-Christ, le nouvel Adam, premier-né d'une humanité réconciliée avec Dieu, avec elle-même, avec l'univers. Le sacrifice volontaire du Christ sur la Croix rachète définitivement les hommes qui le souhaitent, s'ils s'associent à son destin. Par sa résurrection, le Christ leur ouvre la porte d'une nouvelle vie. Comme

1. La rédemption était, dans l'Antiquité romaine, le rachat par un esclave de sa liberté.

ils étaient morts en Adam, ils sont invités à ressusciter avec le Christ.

Pascal souligne l'odieux de faire porter à une multitude innocente la responsabilité d'une faute qu'elle n'a pas commise. « Rien ne nous heurte plus rudement que cette doctrine » (122). Mais cette doctrine, si révoltante qu'elle soit pour la raison, est admissible en relation avec le mystère de la Rédemption.

À ce stade de son analyse, l'apologiste, renchérissant sur les propos de Montaigne et des auteurs chrétiens qui l'ont suivi, trace un portrait consternant de la nature humaine tant elle est pétrie de contradictions termes à termes (115). Pris d'une sorte d'emportement misanthropique, il accumule les dénominations et les épithètes dévalorisantes, méprisantes, voire agressives. L'homme est un être indéfinissable sinon par sa monstruosité (122), ce qui ne l'empêche pas de prétendre à être « juge de toutes choses ». Or, il est « un chaos », une espèce de chimère, qui était dans la mythologie une créature fantastique, assemblage incohérent de parties de plusieurs animaux. Il suscite la stupéfaction des observateurs à la manière d'un monstre exhibé dans les foires, un « prodige ». Et pour tout dire, c'est un « imbécile [faible] ver de terre », pire encore, « un cloaque d'incertitude et d'erreur, un « rebut ». Cet être est cependant « dépositaire du vrai » et la « gloire de l'univers » !

Cependant l'apologiste ne veut pas tomber à son tour dans l'erreur des deux principales écoles de philosophie (112). Insister seulement sur le côté animal de l'homme risque de le désespérer ; souligner seulement sa noblesse (c'est un élément du stoïcisme) serait plus dangereux encore car il s'enorgueillirait en se prenant pour un ange, péché capital. Ne rien lui révéler de sa dualité serait l'enfermer dans sa monstruosité. En revanche, lui montrer sa double nature, c'est le mettre sur le chemin de la solution de l'énigme.

L'explication de cet état de fait, précédemment abordée en 108, occupe une grande partie du fragment 122, biffée. La clé du problème repose « dans le sein de Dieu » qui nous la révèle selon sa volonté. Il s'agit de la **doctrine du péché originel** élaborée par saint Augustin. « Écoutez Dieu », s'écrie Pascal dans une injonction véhémente qui fait penser aux effets oratoires de Bossuet en chaire. « Nous avons été dans un degré de perfection dont nous sommes malheureusement déchus[1] ». Ce dogme choque notre sens de la justice mais tel qu'il est, mystère incompréhensible et apparemment scandaleux, abîme où sombre notre raison, il rend compte de notre condition. C'est là « le nœud de notre condition ». Seul le christianisme explique en totalité la nature humaine, « L'homme passe l'homme », puisqu'il est à la fois appelé à retrouver par la grâce la vie divine et que, sur terre, le péché le rend « semblable aux bêtes ».

Le dossier VII se clôt sur une série de citations bibliques antithétiques, qui fonctionnent comme autant de preuves de ces propositions « fermes et certaines ».

VII. « Divertissement »

Nous avons rencontré dans « Vanité » (33, 36), dans « Misère » (66) et dans « Raisons des effets » (93, à quoi fait écho 126), des réflexions qui posent la question du divertissement. Le dernier dossier au programme contient des fragments soigneusement travaillés. Cette notion est exposée de manière originale par Pascal, quoique une fois encore, il se souvienne des *Essais* et notamment de « De la diversion » (livre III, 4).

1. Ce dernier mot, très fort, figure dans la pensée 108.

En latin, « divertere » signifie « changer de direction par rapport à un chemin déterminé », se détourner de sa route, quitter la voie habituelle. Le mot a gardé son sens premier tout en perdant de sa force : il désigne aujourd'hui des activités qui permettent de s'égayer, de se délasser des fatigues quotidiennes.

Le besoin de se divertir est l'illustration la plus frappante de la misère de l'homme livré à lui-même. Des causes identiques produisant des effets identiques, c'est la recherche avide du bonheur qui engendre la nécessité du divertissement parce que le bonheur parfait et durable n'est pas de ce monde. Il faut donc un succédané pour celui qui n'est ni saint ni Dieu (123).

Montaigne voyait dans la « diversion » un moyen de diminuer la souffrance engendrée par une cause précise, physique ou morale, moyen qu'il jugeait plus ou moins efficace. Pascal, tourmenté un soir par une rage de dents, n'oublia-t-il pas la douleur en s'absorbant dans le problème de la « roulette », qu'il résolut ? Ce serait là une justification acceptable du divertissement et l'anthropologue en convient. Les philosophes ont tort de le condamner parce qu'il offre un remède passable. Mais ils n'en ont pas, une fois de plus, reconnu la cause profonde. Ces demi-savants que Pascal juge sévèrement se placent au deuxième niveau de la pyramide rencontrée dans « Raisons des effets ». L'apologiste pousse plus loin l'analyse que le gentilhomme gascon. La cause « effective » du divertissement n'est pas mécaniquement psychologique, elle « consiste dans le malheur naturel de notre condition faible, mortelle, et si misérable que rien ne peut nous consoler lorsque nous y pensons de près » (126). Encore une prise de conscience tragique, à laquelle nous cherchons à échapper en nous divertissant. Ainsi « les diverses agitations des hommes », y compris les plus sérieuses tout comme les plus dangereuses, servent à les faire sortir de chez eux, où ils sont incapables de « demeurer en repos dans une chambre » sans être assaillis de pensées désespérantes. Les hommes s'agitent de cent façons : loisirs en société ou seuls, la danse[1], « le jeu et la conversation des femmes », exercices physiques des barres, du billard, de la chasse, très prisée par les nobles mais travail chez leurs serviteurs spécialisés (note de Pascal). Autant de loisirs futiles, ce qui renvoie à la vanité. D'autres actions apparemment plus utiles sont autant de divertissements, telles la guerre, la haute administration, les affaires. Il ne s'agit plus alors de s'amuser mais d'occuper son esprit par les tracas même qu'on s'inflige.

Le divertissement se révèle donc le principe universel de l'activité humaine. Il régit les affaires politiques, les campagnes militaires, la vie mondaine, autant de façons de se divertir dont certains exposent à des risques extrêmes, physiques comme la mort, ou spirituels en tant qu'occasions de péché. Et pourtant, ces risques sont plus supportables que l'inaction puisqu'ils empêchent de penser au pire. C'est le sens de la pensée 128. Tout est donc disposé dans la société de manière à ne pouvoir jamais revenir sur soi, à ne rester jamais en tête à tête avec soi, affronter l'idée de la déchéance spirituelle qui est le lot commun. C'est, assure Pascal en d'autres termes, pratiquer la politique de l'autruche, se cacher la tête pour ne plus voir le danger, croire qu'il a été éliminé et « s'empêcher d'y penser » (124). Montaigne avait écrit : « Mais de quelle brutale stupidité peut lui venir un si grossier aveuglement ? » (Livre I, 20).

Aucun humain n'échappe au dilemme du divertissement ou du malheur. Si la réclusion du moine dans sa cellule paraît pénible, si l'enfermement du prisonnier dans sa geôle paraît insupportable, celui qu'on croirait titulaire du « plus beau poste du monde », un trône, n'est pas mieux loti malgré les apparences.

1. L'art du ballet de cour, si apprécié à cette époque par le jeune Louis XIV, est ici ramené à une question de position des pieds en fonction de « la cadence d'un air ». Pascal était-il sourd à la musique ou la considérait-il comme une vanité indigne d'un chrétien convaincu ?

On imagine le roi comblé dans ses moindres désirs, il est encore plus malheureux qu'un homme ordinaire pour deux raisons. Non seulement parce que son pouvoir est constamment menacé par des ambitieux de tout poil mais aussi parce qu'étant un homme, il se sait guetté par les maux inhérents au genre humain, et promis à la mort au bout du chemin. Cette idée était présente dans la pensée 58 née de l'actualité : les rois disparaissent comme le reste. Le fragment 127 revient sur le cas limite d'un roi. La pompe de sa cour, l'importance de ses fonctions, les satisfactions que lui procure sa puissance, ses courtisans empressés, en voilà peut-être largement assez pour faire son bonheur. En fait, rien n'est moins vrai : « un roi sans divertissement[1] est un homme plein de misères ». Son esprit a besoin d'être rempli par des obligations ou des délassements sans solution de continuité, faute de quoi il sera aussi misérable que le moindre de ses sujets. C'est d'ailleurs à ce critère qu'on reconnaît les Grands, à ce qu'ils sont entourés de nombreux serviteurs qui accaparent leur attention. Mais s'ils se retirent sur leurs terres, leur richesse et leur domesticité ne leur éviteront pas « de songer à eux » et d'être au désespoir. Cette conclusion, malgré la dernière phrase du fragment qui prend soin de distinguer le statut politique de la religion du prince, a été jugée assez corrosive par les éditeurs de Port-Royal pour qu'ils censurent les références à la royauté, remplacées par des généralités.

Au cœur des pratiques divertissantes on trouve deux contradictions. Nous poursuivons une quête du bonheur moins pour nous procurer quelque chose qui en constituerait un élément que pour le plaisir de la quête en soi, au point que les difficultés que celle-ci peut nous causer nous paraissent préférables

1. On reconnaît ici la formule que Giono a empruntée pour titre d'un de ses romans paru en 1947. Cf. étude sur cette œuvre dans la collection *Résonance* et la collection *Réseau*, éd. Ellipses.

à l'absence de quête, à l'inaction. Pascal donne l'exemple de la chasse et du jeu, dont le fruit importe peu. Le chasseur ne s'intéresse pas tant au gibier qu'il traque ni le joueur à l'argent qu'il espère empocher. Ils cherchent à oublier provisoirement leur ordinaire, qui est parfois tragique. Celui qui est à l'affût d'un sanglier « depuis six heures » – laps de temps qui dénote un passionné – ne ressent plus le malheur terrible du décès de son fils, son fils unique qui plus est. Dans son esprit un sanglier prend la place de son fils mort, pourrait-on dire ! Les difficultés judiciaires qui s'ajoutent à sa situation familiale n'ont pas davantage d'importance. Le gain qu'attend le joueur est négligeable. Pourtant il est indispensable que la partie soit intéressée, remarque l'auteur en bas de page. Car sans l'espoir de l'acquérir il n'y a plus pour lui ni désir, ni passion, mais un abattement morne. L'homme se trompe lui-même volontairement en se fabriquant un but imaginaire auquel il s'attache.

Une deuxième contradiction est le cercle vicieux où nous enferme la recherche des divertissements. Atteindre le but qu'on s'est fixé, c'est cesser de le poursuivre, c'est retrouver le repos une fois la satisfaction acquise. Et il est incontestable que le bonheur est dans le repos de l'esprit. Mais si celui-ci n'est pas l'absence d'inquiétude procurée par la communion avec Dieu, il ne tarde pas à laisser resurgir l'ennui métaphysique, la conscience du malheur, ce qui relance le besoin de divertissement, et ainsi de suite. Le plaisir ressenti est éphémère, le bonheur obtenu fragile, il s'évanouit bien vite en laissant la place à la réalité insupportable. Pyrrhus avait bien raison, quoi qu'en ait pensé Montaigne (Livre I, 42), de vouloir entreprendre de conquérir le monde avant de se retirer de la vie active, plutôt que demeurer tranquillement chez lui tout de suite.

Le divertissement anesthésie la conscience de notre misère. Il est une forme de concupiscence* de bonheur, dont nous ne pouvons nous défaire, pour notre grand dam (124). Paradoxal bonheur fait de soucis et de peines ! (129). Le divertissement révèle en l'homme un besoin viscéral de la félicité*, c'est-à-dire son aspiration à l'infini, dont il a été dit qu'elle venait de sa double nature. Le divertissement occupe une place essentielle dans la vie mais il est un pis-aller. En éliminant la souffrance consubstantielle à l'homme, il la lui fait oublier mais il ne la guérit pas. « Ainsi s'écoule toute la vie ». Le problème reste entier.

Approche thématique

I. Une société fondée sur le mensonge et la violence

Dressant le tableau de la misère de la condition humaine, Pascal observe la société de son temps. Elle lui paraît fondée sur un système où **l'injustice le dispute au mensonge.**

Les pensées à notre programme ne donnent à voir qu'une partie de la société du milieu du XVIIe siècle. Presque pas de bourgeoisie, pas de clergé, une masse indistincte qui forme « le peuple », force de travail au plus bas niveau de l'échelle sociale et intellectuelle. À l'autre bout, ceux qui détiennent une part de la puissance sociale, économique ou morale, les Grands, les « savants », les hauts fonctionnaires, et au sommet de la pyramide, le roi. Comment cette organisation fonctionne-t-elle ?

Le **peuple** a pour rôle, à lire Pascal, d'honorer « les personnes de grande naissance » et de fournir ses bras en exerçant un métier qu'il a choisi par hasard parce qu'il l'a entendu vanter, ou pour faire comme ses voisins, en vertu de traditions séculaires (32, 120 et 541). Incapable de réflexion, il se laisse mener comme un troupeau, juge à tort et à travers, est dupe des apparences qu'il est incapable de dépasser. Mais ses opinions ne sont pas nécessairement fausses, loin s'en faut. Malheureusement, « il ne sent pas la vérité où elle est », demeure dans l'illusion et l'erreur, si bien qu'en définitive Pascal condamne le jugement populaire (86). L'essentiel est **qu'il reste à sa place** à la base de la pyramide et obéisse aux maîtres sans jamais contester ni eux ni les lois. Les jacqueries sont une cause de cruelles souffrances.

Au sommet de l'édifice se trouvent **les Grands**. Les nobles portent épée, arme hautement significative de leur état, ils exhibent leurs richesses afin qu'on les distingue du commun, qu'on voit nettement leur supériorité et qu'on fasse allégeance à leur rang. L'importance de leur escorte, le raffinement de leur toilette, ont une fonction identique et, si besoin est, ils le rappellent aux inférieurs. Ce sont des signes extérieurs de puissance. On peut les dédaigner intérieurement mais il est indispensable de les prendre en compte concrètement. Ce n'est pas comme un cheval somptueusement harnaché qui ne se formalisera pas de n'être pas salué très bas ! Des signes du même genre sont manifestés également par ceux qui, faute de s'imposer par leurs qualités personnelles et professionnelles, recourent à la « montre » pour asseoir leur autorité, se faire respecter, eux et leurs fonctions, en frappant l'imagination de la masse. Pascal compose une remarquable **satire des classes dirigeantes** : magistrats, avocats, médecins, docteurs de tout poil, « surintendant, chancelier, premier président » (126). « Nous voulons vivre dans l'idée des autres d'une vie imaginaire, et nous nous efforçons pour cela de paraître », assène le fragment 662. Les grands personnages exercent leurs fonctions sous des « déguisements », des costumes de carnaval dans un décor adéquat, ils portent un « masque », « un appareil auguste » « fort nécessaire » car il supplée à la force dont ils ne disposent pas. La pensée 41 énumère toute une friperie, un bric-à-brac de costumes. Pascal évoque même les « grandes robes de pédants » que ne portaient pour les cérémonies ni Platon ni Aristote (472). Il retrouve ici une veine satirique illustrée par Rabelais dans le *Cinquième Livre*, mais son croquis des juges en fonction est donné sur un ton âpre, dont on pourra apprécier la noirceur en le comparant aux chats-fourrés de Rabelais et de La Fontaine, qui font sourire malgré ou à cause de leur papelardise. Avec l'évocation rapide des médecins en habit sur leur monture (41), on pense à Molière, autre grand malade qui en a fait la caricature qu'on connaît. Cette mise en scène relève bien du théâtre, à cette différence près que Molière nous amuse tandis que Pascal estimait la comédie le plus dangereux des « grands divertissements… pour la vie chrétienne », citation de La Rochefoucauld qui forme le fragment 640. Il est vrai qu'apparemment le comédien italien, spécialisé dans les farces, Scaramouche est sa référence dans ce domaine et que nous sommes tous des Scaramouches (cf. l'allusion à l'actualité qui clôt la pensée 44 et la pensée 497)

Les hauts dignitaires manifestent toujours une gravité caractéristique de leur image publique[1] ; ils sont accablés d'affaires, ce dont Pascal montre la raison cachée. Bien sûr, c'est qu'ils vaquent au gouvernement du pays, mais c'est surtout pour les empêcher de penser à la désespérante misère de leur condition humaine. Voilà qui relativise fortement l'importance des tâches qu'ils accomplissent !

Tout en haut de la société, trône **le roi**. Le prince n'a que faire d'un déguisement. Il a mieux pour s'imposer, son pompeux cortège qui exhibe la force brutale des armes, portées au son d'une musique martiale par des « balourds », des « trognes armées », expression pittoresque mais inquiétante. L'impression provoquée sur le public est si forte que cette manifestation de la majesté passe pour émaner spontanément de la personne physique du roi (23). Aussi le souverain, concentrant tous les pouvoirs, peut-il passer outre l'avis de ses ministres (76). Mais à y regarder de plus près, la monarchie de droit divin (puisque le roi une fois sacré tient son pouvoir de Dieu) est moins solide qu'il n'y paraît. D'abord parce que la royauté peut s'effondrer pour diverses raisons comme être rétablie par un pur hasard. Tel

1. Le rire intempestif, ou le sourire, du magistrat en pleine église risque de porter un coup à sa réputation parce que les dévots peuvent en être scandalisés.

le calcul rénal de Cromwell qui restaure le roi légitime (632), un grain de sable au propre et au figuré. Elle peut être renversée par des séditions, inquiétude récurrente du souverain, car une fois renversé de son trône, cette déchéance est une telle souffrance qu'elle peut justifier le suicide (108).

De plus, **la royauté est purement conventionnelle** dès qu'elle a été établie par **le droit du plus fort**. Les Indiens débarqués des Caraïbes étaient stupéfaits de voir régner un enfant qu'un seul de ses gardes écraserait d'une main (93). Mais la coutume de la succession dynastique maintient durablement en place le régime, même si c'est parfaitement illogique, ce que Pascal traduit énergiquement par « la puissance des rois est fondée sur la raison et sur la folie du peuple, et bien plus sur la folie. La plus grande et importante chose au monde a pour fondement la faiblesse ». (24). De toute façon, les grands philosophes antiques savaient, s'adressant aux monarques, à qui ils avaient affaire, à des « fous » qui « pensent être rois et empereurs » (472). Enfin, le roi, au-dessus de tous par son pouvoir sans limites, reste un homme qui partage les misères de ses semblables : l'ennui l'accable dès qu'il est oisif, les hauts dignitaires aussi (126). C'est donc quelqu'un que ses courtisans divertissent en permanence pour lui éviter une souffrance existentielle que ni la pompe alentour ni les fêtes de la Cour ne peuvent lui épargner. Point de vue inattendu qui tranche avec les idées habituelles dans ce domaine. D'ailleurs le fragment 645 souligne par une métaphore hardie que les Grands ne sont grands que par leur tête élevée. Leurs pieds touchent le sol c'est-à-dire qu'ils partagent la condition des plus petits, y compris l'abaissement du peuple, des enfants et même des animaux ! C'est la part biologique de chacun, mécanique dirait Descartes, de la nature animée. Le roi a donc besoin de se divertir comme le moindre de ses sujets.

Il faut bien mesurer la force et l'audace de pareilles idées, au moment où en France, la royauté prend le pas sur les autres classes sociales en faisant du souverain un être à part.

II. La force

Dans notre lecture, nous avons rencontré maintes fois le mot « force ». C'est une notion fondamentale des *Pensées* dans la mesure où elle constitue le principe fondateur des lois (76). On mesure aussitôt le paradoxe ainsi révélé. La force est bien au XVIIe siècle **une source légitime d'autorité**, instituée par les armes. Dans les relations sociales, elle est source de nos actions involontaires (90), celles que nous n'avons pas décidées après mûre réflexion. Elle renvoie à un état très ancien de l'humanité où le plus fort l'emportait sur le plus faible, dans la jungle, non plus désormais pour le manger certes mais pour consommer sa force de travail. Les plus puissants vainquent par la violence, ils imposent les lois qui leur conviennent et défendent les biens qu'ils se sont attribués (48, 78). La propriété privée est fondée sur « la fantaisie », propos qu'on croirait tenu en 1789. Ils conservent leur pouvoir en manifestant leur force, toujours prête à servir, et se dispensent ainsi de déguisement (80). Déguisement qui est également à sa façon une sorte de force, une manière de signaler sa place dans la hiérarchie de la société (88) et d'en tirer parti à bon compte, « sans peine » (95). On croit entendre le Beaumarchais du *Mariage de Figaro*. La supériorité physique donne l'omnipotence sans avoir à être justifiée.

Dans ces conditions, plier devant la contrainte physique finit par devenir si « naturel » que cela passe pour légitime, donc légal, donc juste (76). « On a justifié la force », « on a fait que ce qui est fort fût juste » (94). La force et la justice ont donc partie liée ; la première sans l'autre est une tyrannie, la seconde sans l'autre est impuissante. L'idéal serait que la force soit équitable et la justice forte, mais cela est impossible. L'analyse de cette évolution met en lumière **l'imposture fondamentale** qui transforme la violence en justice, abus vieux comme le monde, sur lequel est bâtie la société. Mensonge indispensable en ce qu'il maintient la paix civile, ce qui suffit à l'imposer. Sans la force qui assure la perpétuation du système, la remise en cause de la légitimité des lois peut abattre le régime. Et Pascal aboutit avec Montaigne à cette conclusion audacieuse : « Le plus sage des législateurs [Platon] disait que pour le bien des hommes, il faut souvent les piper », en leur cachant l'origine des lois en vigueur. Comme les libertins, Pascal affirme, après Hobbes, que le système politique n'est pas issu de la nature, il est le résultat de la violence, physique ou morale, et de la coutume.

L'opinion publique, par le phénomène de la majorité (Pascal dit « pluralité »), est une puissance. C'est la force qui fait l'opinion, et à l'inverse c'est l'opinion majoritaire qui fait la force. La fable *Le Loup et l'Agneau* illustre bien que « la raison du plus fort est toujours la meilleure ».

Ces deux puissances impitoyables sont pourtant limitées dans deux cas. La force est inefficace en dehors de son domaine d'exercice, autrement dit hors de son ordre ; elle n'a aucun pouvoir en science, en théologie, en art (54). Nul tyran n'a jamais empêché de penser. De plus, la religion chrétienne est toute de douceur, elle ne s'impose jamais par la coercition, quoi qu'ait dit saint Augustin[1] à propos des hérétiques*. Les conversions forcées sont ici dénoncées (161). Par rapport à la force, Pascal réfléchit sur son corollaire la faiblesse, marque supplémentaire de l'infirmité de l'homme. Faiblesse matérielle, certes, puisqu'il suffit d'un rien pour tuer ce souffle imperceptible perdu dans l'univers infini (186). Débilité intellectuelle et morale aussi. Mais il en va de ces limites comme des faiblesses apparentes de l'Écri-

1. Voir sur ce point l'étude à paraître de Françoise Argelès.

ture, qui soulignent a contrario la vérité du christianisme (221), par un retournement familier à l'esprit de Pascal.

Ainsi, la force est la reine du monde, elle ne connaît pas de bornes à son empire universel, elle devient donc aisément un tyran de la pensée (561).

Soulignons une fois encore l'audace de la méditation de Pascal qui remet en cause le bien-fondé de l'ordre établi. On a peine à imaginer, aujourd'hui où l'uniformité est de règle, combien les castes sociales étaient différenciées sous l'ancien Régime, enfermant les individus dans un carcan de conventions qui n'admettait aucune transgression.

III. Un homme en proie aux puissances trompeuses : l'imagination

La misère de l'homme est aggravée par l'action de forces qui éclipsent ses facultés. Pascal les nomme puissances trompeuses. « L'homme n'est qu'un sujet plein d'erreur naturelle, et ineffaçable sans la grâce. Rien ne lui montre la vérité. Tout l'abuse. ». Au premier rang se place l'imagination, qui empêche les sens de percevoir la réalité, élimine la raison, supplante l'intelligence et même souvent le cœur. Elle empoisonne toute vie affective et intellectuelle ; elle grossit par exemple l'importance des choses futiles qui nous retiennent mais à l'inverse amoindrit l'essentiel, que nous ne voyons plus, par exemple la notion d'éternité (403, 471).

Le fragment 41, un des plus longs du recueil, examine les effets de « cette partie dominante de l'homme », déjà décriée par les auteurs du XVIe siècle. C'est une puissance trompeuse à double titre puisque, si elle trompe très souvent, elle ne trompe pas toujours, si bien qu'on ne saurait s'y fier pour distinguer la vérité de l'erreur. Nul n'est à l'abri de son pouvoir. Pascal donne deux exemples parmi les plus inattendus : un magistrat âgé, respectable, pieux, charitable, modèle parfait de fonctionnaire et de chrétien, va rire d'une série de coïncidences sans relation avec la situation[1]. Reprenant à sa façon une idée de Montaigne (II, 12), Pascal présente ensuite « le plus grand philosophe du monde » – notre imagination joue à plein pour donner consistance au personnage – censé être un parangon* de raison et de sagesse. On le place dans une situation expérimentale, purement imaginaire, elle, à la différence du sénateur à l'église, et assez comique à force d'invraisemblance. Que fait donc ce prince des sages sur un pont au-dessus d'un gouffre ? Se prendrait-il pour Indiana Jones ? Il voit qu'il ne court aucun danger. Mais sa raison est incapable de l'emporter sur l'image d'une chute dans le vide. Mieux, la seule imagination de cette situation fictive dans la sécurité de la terre ferme suffit à angoisser.

Cette déroute de la raison est un signe de sa vanité et de son impuissance. Le constat est rendu plus accablant par l'image de la raison qui crie dans le désert comme quelqu'un désespérant de se faire entendre. L'irréel envahit le réel, il construit un monde parallèle semblable au premier mais entièrement créé par notre esprit. L'imagination fonctionne donc comme une seconde nature et nous pouvons soupçonner qu'elle est un des effets de la chute originelle. Mais ne nous hâtons pas de la détester. À cause d'elle, certains hommes sont pauvres, malades, malheureux mais grâce à elle, beaucoup d'autres sont heureux, bien portants, riches, habiles ou sages, du moins le croient-ils. Cet univers fantomatique a des effets sur la réalité parce que ces gens vont s'épanouir et connaître un bonheur réel[2] que la raison est bien incapable de procurer, loin s'en faut puisqu'elle nous ré-

1. En effet, seule « une voix enrouée » naturellement pourrait concerner matériellement la prédication. Dans ce cas, cette gêne possible pour l'auditeur n'a rien de risible.
2. Remarquons « cette gaieté de visage » qui manifeste le bonheur. Elle est exceptionnelle dans les *Pensées*.

vèle crûment notre misère quand nous l'entendons. Finalement le serpent se mord la queue et « les sages imaginaires ont… faveur auprès des juges de même manière ». Cette fonction de l'imagination est fort précieuse puisqu'« elle fait la beauté, la justice et le bonheur qui est le tout du monde ». Pure illusion avons-nous dit, mais le bonheur n'est fait que d'illusions. Ainsi le monde fonctionne grâce à la bulle où nous enferme l'imagination, qui dicte nos comportements sociaux et nous impose ses fantaisies sur lesquels elle le bâtit : respect des hiérarchies, jugements sur les autres, bref « presque toutes les actions des hommes… ne branlent presque que par ses secousses », voilà le fruit des « prodiges de l'imagination humaine » (56).

Nous avons vu précédemment se donner la comédie sociale. Elle est orchestrée par l'imagination parce que les apparences l'emportent sur la réalité et que nous croyons spontanément que l'habit fait le moine, ce qui suffit pour qu'il le fasse. Autant de « cordes qui attachent donc le respect » et qui « sont des cordes d'imagination » (677). Seule la force peut se passer d'elle, justement parce qu'elle s'impose par des moyens purement matériels qui brisent tous liens (80). Pascal conclut sur le constat d'une imagination devenue diabolique, acharnée à nous induire en erreur.

IV. La coutume

Aussi puissante que la force mais d'un autre genre, la coutume pare d'avantages mensongers la réalité médiocre ou mauvaise qu'elle parvient à faire passer pour bonne. Pascal se souvient encore une fois de Montaigne qui a perçu l'imposture de « la reine du monde » (*Essais*, livre I, 23) mais n'a pas abordé l'analyse de son fonctionnement. Presque tout ce que nous pensons provenir de la nature, du bon sens, de la morale spontanée, des valeurs esthétiques, n'est que le produit d'habitudes invétérées.

Par exemple le choix d'un métier, qui exige une orientation judicieuse en fonction des goûts et des capacités de l'individu est opéré selon les habitudes, voire selon les traditions locales (541). C'est la coutume qui maintient l'ordre social dont nous avons vu qu'il reposait sur la force ou l'apparence. Elle nous y a habitués et nous nous y conformons sans plus y penser. Nous sommes si impressionnés par la pompe qui entoure toujours le souverain que si nous le trouvions « seul et sans ses accompagnements » nous éprouverions quand même une crainte respectueuse par réflexe conditionné (23). De la même façon, les lois d'un État n'ont d'autorité que dans celui-ci. Il n'y a aucune loi universelle et l'homme est incapable d'atteindre la justice par ses propres moyens. Il existe donc une autre base aux lois, la coutume, qui s'exerce à l'intérieur d'un cercle vicieux. « La coutume fait toute l'équité, par cette seule raison qu'elle est reçue. C'est le fondement mystique de son autorité » (56 et 469). L'adjectif « mystique » montre bien que nous sommes dans le domaine du sacré qui ne s'explique pas mais se révère. En effet, seule les coutumes perdurent, toutes les autres facultés, la raison y compris, changent avec le glissement continuel du temps (cf. 185). Pascal en tire la même conséquence politique que pour la force. À savoir qu'il est nécessaire que le peuple ne soit pas détrompé sur l'origine de la justice auto-engendrée par la coutume. Sans quoi il se révolterait contre cet abus. Mieux vaut un mensonge officiel qui a l'apparence de la raison, que le désordre, voire l'anarchie.

Triomphant de cette manière, la coutume a pris la place de ce que nous croyons être des principes naturels qu'elle a éliminés presque complètement en même temps que les instincts (116)[1]. C'est elle qui prend l'apparence de l'amour filial, rien de plus, si bien que certains pères craignent qu'il ne s'efface des

1. Il arrive pourtant que la nature résiste à toutes les habitudes « et retien[ne] l'homme dans son instinct » (541).

enfants quand ils grandissent (117). Ainsi s'éclaire la formule célèbre : « La coutume est une seconde nature qui détruit la première ». Mais n'oublions pas de lire la suite du fragment : « J'ai grand-peur que cette nature ne soit elle-même qu'une première coutume, comme la coutume est une seconde nature ». Cette remise en cause de la nature même conduira à une interprétation théologique, celle de la première nature perdue par Adam et dégradée par les puissances trompeuses conséquences du péché originel.

La coutume apparaît ainsi sous son véritable jour, c'est notre nature marquée par le péché, comme le confirme une note du fragment sur le pari (397). Rien de surprenant alors aux réticences de l'incroyant devant le dogme de la Résurrection. Pourtant, à y bien réfléchir, la création à partir de rien au commencement du monde, que le libertin consent à admettre est plus difficile à comprendre qu'une résurrection, retour à la vie de ce qui était mort. C'est que l'expérience de la naissance est banale mais pas celle de la résurrection (702). Une fois de plus l'habitude nous aveugle. Mieux vaut alors la faire servir à notre profit, autant que possible, pour parvenir à la foi. Elle peut plier « la machine » aux attitudes de la piété, à la réflexion sur l'au-delà, à la méditation sur les questions de religion qui, devenues des habitudes, faciliteront l'accès à la grâce de la foi (664, 671).

V. Raison et cœur

L'humanité est très fière d'être raisonnable depuis qu'Aristote en a fait la caractéristique de l'homme par rapport aux autres êtres vivants. L'aristotélisme officiel de l'Université professe une sorte de rationalisme chrétien. La Raison pure, en quelque sorte, c'est Dieu. Pascal, lui, montre **la mise en échec de la raison** devant la puissance de l'imagination. Mais n'oublions pas que « l'homme n'est ni ange ni bête » (extrait de la célèbre pensée 572), autrement dit « Il ne faut pas que l'homme croie qu'il est égal aux bêtes », ce serait dangereux puisqu'il est tout aussi ange qu'animal (112). L'idée a beau être un lieu commun de la littérature morale depuis saint Augustin, la perfection de l'expression fait qu'on ne souvient que de la formule pascalienne.

Cependant la partie des *Pensées* au programme peut presque faire croire à notre animalité tant l'apologiste déprécie la raison. Nous ne savons même pas ce qui est raisonnable et ce qui ne l'est pas, ni ne pouvons trancher entre le juste et l'injuste (31). En serions-nous capables qu'il faudrait nous méfier et ne pas prêter à la raison une valeur qu'elle n'a pas : « Ce qui est fondé sur la saine raison est bien mal fondé, comme [par exemple] l'estime de la sagesse [le fait d'apprécier la sagesse] ». Mais surtout, nous avons vu que cette faculté est mise en échec par la force de l'imagination, qui la ballotte en tous sens, la tyrannise, la ridiculise et l'humilie chaque fois qu'elles entrent en conflit (41). Pascal se moque, après Montaigne, de « cette raison humiliée et suppliante » (48). La raison n'a pas meilleur sort contre les sens. Sa défaite inévitable est « la plus plaisante cause » d'erreurs. En dehors de ce champ de bataille permanent pour parvenir à la connaissance, l'exercice de la raison se montre d'une extrême délicatesse. Ses constructions sont fragiles, gâtées par les habitudes, l'humeur du moment. Le fragment 44 oppose le ridicule des prétentions humaines à l'empire du monde et le moindre bruit gênant qui empêche de réfléchir. Quand la raison se heurte aux passions, elle n'a pas non plus beau jeu. Elle met en évidence le caractère mauvais de ces passions qui ravalent l'homme au niveau de la « bête brute », mais cette dénonciation est insuffisante pour les éradiquer (389). On retrouve encore cet écartèlement entre l'illusion de « devenir dieux » grâce à la raison ou bien lui tourner le dos et faire la bête. Une religion raisonnable et bienfaisante est une chimère, un idéal bon pour les Jésuites. La Croix est une folie.

Pourtant les *Pensées* affirment dès la première page que pour rechercher Dieu et la Vérité, il est bon de se servir du raisonnement parce que « la religion n'est point contraire à la raison » (9) et les incroyants ont tort de la rejeter comme illogique et déraisonnable. C'est plutôt leur attitude qui l'est (cf. 140). La démarche de Pascal prend pleinement en compte le rôle du raisonnement dans les preuves de la religion. Mais il est tantôt convoqué tantôt rabaissé, à cause de ses contradictions. Car ce n'est pas le seul chemin vers Dieu, ce n'en est qu'un parmi d'autres. Et la raison doit savoir, à un moment donné, se soumettre en pleine connaissance de cause car « Nous avons la vérité non seulement par la raison, mais encore par le cœur. » (101). La liasse XIII s'intitule « Soumission et usage de la raison ». Cette idée de soumission est très importante dans la pensée chrétienne. Elle correspond à la vertu d'humilité, qui est l'inverse de l'orgueil. Pascal établit un parallèle entre l'abdication de la raison devant ce qui la dépasse et sa propre attitude à l'égard de son directeur de conscience que la Providence a chargé de le conduire à Dieu (cf. le Mémorial). Attitude exigeante, difficile à accepter et à garder. La raison se soumettra d'autant plus volontiers qu'elle se voit dépassée par beaucoup de phénomènes inexplicables (177).

Qu'est-ce que le cœur ? Le mot désigne le centre des sentiments et des passions, et le siège de la conscience spirituelle par où Dieu entre en contact avec l'homme. Celui-ci peut ainsi accéder aux « premiers principes », intuitifs, d'un autre ordre qu'intellectuel, absolument certains, sur lesquels se bâtiront les raisonnements logiques. Autrement dit, « C'est le cœur qui sent Dieu et non pas la raison. Voilà ce que c'est que la foi. Dieu sensible au cœur, non à la raison. Le cœur a ses raisons que la raison ne connaît point ; on le sait en mille choses », assure une note du fragment 197.

On repère ainsi deux principes essentiels, avec leur domaine d'exercice, leurs effets et leur spécialisation. On peut tracer un schéma qui met en évidence les oppositions termes à termes.

Ordre de la raison	**Ordre du cœur. Ordre de la grâce**
Logique	Instinct
Démonstration	
	Principes[1] premiers
Expérience	Autorité
Sciences exactes	Théologie
Preuve	Foi
« Je sais », « je connais »	« Je crois » (credo)
Nature déchue	Nature originelle
Géométrie	Finesse

L'intervention de Dieu auprès de l'homme se fait dans et par le cœur qui se trouve incliné par l'action de la grâce. Faut-il encore qu'il soit prêt à accueillir celle-ci, en se purgeant des « ordures » (129) que l'usage du monde y dépose.

Deux excès sont donc à éviter (172). À n'admettre que la raison dans ce domaine, on n'accède pas à la foi. Une religion raisonnable perd son mystère et se dénature en déisme*. De toute façon la raison est trop inconsistante pour convaincre quelque libertin que ce soit. Il est impossible de démontrer rationnellement l'existence de Dieu depuis le péché de nos premiers parents, « Cette belle raison a tout corrompu » (56). À exclure la raison en matière de religion, on fait de la foi un élan « absurde et ridicule » plus ou moins mêlé de superstition, ce qu'elle n'est pas. Pascal compose son apologie en sachant les limites de son

1. Le fragment 144, examinant les hypothèses qui servent au pari sur Dieu, se termine par les mots « Cœur/Instinct/Principes », groupés par une accolade.

entreprise. C'est Dieu qui convertit et prodigue la grâce de la foi, c'est lui qui circoncit le cœur, pour reprendre une métaphore biblique.

Ce que Pascal détruit ici, c'est l'image d'un monde saisissable par une démarche rationnelle, mirage de l'époque de Périclès et de la Renaissance européenne.

VI. Un monde de ténèbres

L'examen des deux premières pages du texte au programme (11-21) est révélateur d'un élément essentiel, la noirceur de la vision pascalienne. Point n'est besoin d'aller plus avant pour remarquer l'impact des mots qui éclairent de façon crue la condition humaine. On trouve différents degrés d'expressivité dans le champ lexical en question. Les moins forts, quoique tous le soient, sont « étrange et surprenante » et « admirable » au sens étymologique de « suscitant l'étonnement ». Il s'agit de désigner quelque chose qui défie la norme prévisible, sans qu'on sache si cela s'en écarte positivement ou négativement. De valeur semblable serait la « bizarrerie ». Un peu plus forts sont les adverbes négatifs « si peu », « pas bien », « pas assez », et « trop » dont la valeur est soulignée par sa répétition à dix reprises en quelques lignes. Ces termes dénoncent l'excès sous ses deux formes, c'est-à-dire l'incapacité à trouver la bonne mesure ou à s'y tenir. Idée chère à Pascal que ces extrêmes également pernicieux. On trouve ensuite « punition », « sottise », « chercher les grandeurs », « ignorance », « reprochait », « on s'entête et on s'en coiffe », « prévenu » au sens classique de « préjugé », autant de handicaps de l'esprit et de conséquences fâcheuses sur la capacité à juger objectivement. L'action peut se révéler impossible, « empêchent » ou bien, conséquence du péché, entraîner un châtiment de Dieu. Au degré le plus fort se placent « les folies » (deux fois), « asservies » [rendues esclaves], « affliction », et au sens matériel « se tuait », « mangent notre corps », image violente de la décomposition d'un cadavre, et « vanité » bien entendu. À l'opposé de ce lexique, on trouve « vrais chrétiens » (à moins qu'il n'en existe de faux ou de partiels), « Dieu », les noms de l'apôtre Paul et d'un saint théologien son exégète, et « consolera », ce qui est peu mais laisse prévoir le point de vue de l'auteur.

Le ton est donné. Les 119 fragments qui nous concernent sont de la même veine. Ils font passer le lecteur par tous les défauts et les limites de sa condition d'homme. Il suffit de parcourir les titres des dossiers pour le voir. Un seul sur les sept a une dénotation positive, la grandeur, « Raison des effets » n'ayant pas de valeur particulière alors que « Opinions du peuples saines », biffé, en avait une positive. Encore que la grandeur dont il s'agit vienne en partie de la conscience que prend l'homme de sa déchéance. Il est clair que la misère a de multiples manifestations et une cause, le péché des origines. Cet état très pénible, voire insupportable, est manifeste. On peut dire qu'il est affaire de disproportion, avec les conséquences de cette absence de rapport viable, pour ne plus rêver d'harmonie, entre l'homme et son milieu ou à l'intérieur de son esprit. Où que nous portions notre réflexion, nous ne constatons qu'excès, erreur, fragilité, injustice, absurdité.

Cet état des lieux désolant est magnifiquement exprimé au fragment 185, le plus long des *Pensées*. En matière d'étendue, l'univers se révèle infini aux lunettes des astronomes et aux microscopes des naturalistes. En fait de durée, le constat est à peine moins vertigineux puisque si le monde est cru vieux de seulement 6 000 ans – ce qui n'est pas rien, certes – l'avenir est sans limites prévisibles. L'homme pris en tenaille a de quoi être effrayé (cf. 187) et saisi de vertige. C'est un être fragile physiquement, dont la vie tient à un fil, « une goutte d'eau » en excès ou en moins (186), une intelligence que perturbe une mouche

(20, 44). Ses sens sont limités dans leur plage d'exercice. Il est aussi mal loti psychologiquement. C'est un tissu de contradictions (« Contrariétés », 115) qui naissent de l'écartèlement pemanent entre ses deux natures. Ses facultés mentales ne lui sont d'aucune utilité pour trouver l'essentiel tant elles sont faussées. La raison est un outil intéressant mais il ne peut l'utiliser que dans certaines conditions. Ses rapports avec ses semblables sont tout sauf harmonieux : la société qui s'est mise en place repose sur la force brutale, généralement camouflée sous le nom de « droit ». Les lois naissent d'habitudes, elles s'imposent au fil des siècles. L'apparence externe garantit l'autorité. Les questions que nous estimons existentielles restent sans réponse, ce qui souligne l'absurdité d'une situation sans queue ni tête. Dans ces conditions, l'homme apparaît au moraliste comme « un monstre incompréhensible » à l'observateur et à lui-même, « un chaos », « un prodige » [un être hors des lois naturelles], le croisement fabuleux et « ambigu entre les poissons et les oiseaux » (707). C'est pourquoi le désespoir est une notion bien représentée dans l'œuvre. Malgré tout, cette créature est pétrie d'orgueil (67), le plus souvent par inconscience, ou pour lutter contre le désespoir quand elle se penche sur elle-même : « L'orgueil contrepèse et emporte toutes les misères » (442). C'est ce monstre qui dogmatise de manière grotesque, dans un flot de paroles, comme si de rien n'était (497).

Dans ce paysage, rien ne trouve-t-il grâce aux yeux de l'anthropologue ? Oui, la pensée. Car la grandeur de l'homme réside dans la pensée, qui lui permet de saisir, c'est-à-dire d'embrasser et de comprendre à la fois l'univers où il figure comme un atome. Par la pensée il affirme son existence, il s'assimile son destin, il se reconnaît pour ce qu'il est, un roi déchu et un enfant de Dieu qui l'aime et le sauve. Il assume ses limites, en sait l'origine et, ce faisant, il les dépasse sous l'action de la grâce. On comprend mieux l'exclamation du Mémorial, si surprenante sous la plume d'un peintre aussi impitoyable pour son modèle : « Joie, joie, joie, pleurs de joie. »

Fenêtre sur Pascal et Descartes

Le nom de Descartes n'est guère cité dans les *Pensées* mais sa philosophie y est partout présente à l'arrière-plan. Pascal a lu de près les grandes œuvres de son aîné, non seulement celles que la postérité a retenues mais les ouvrages moins connus dont il a parfois eu communication sous forme manuscrite. Les deux hommes se sont rencontrés deux fois en 1647, alors que Pascal était malade. Leurs relations ont été courtoises, sans plus. Aux yeux de Pascal, l'auteur du fameux *Discours de la méthode* (1637) est le champion de la raison pure, de ce qu'il nomme « l'esprit de géométrie ». C'est le philosophe qui a trouvé Dieu au bout d'une réflexion rationnelle dont on peut tracer grosso modo la progression logique. La pensée qui doute de tout met en évidence une activité mentale incontestable. Je doute, donc je pense. Si je pense, j'existe, parce que pour penser, il faut exister. Or la pensée est l'œuvre de l'âme. Donc mon âme existe. Vu sa nature et ses capacités, elle a été nécessairement créée par un être parfait. Il est donc prouvé qu'un tel être parfait existe, c'est Dieu.

Pascal admire l'homme qui a marqué l'histoire de la pensée moderne. La magnifique métaphore du roseau pensant au fragment 104, c'est l'homme d'après Descartes. Il reprend à son compte le « cogito » cartésien dans les fragments 101 puis 122. Il partage la thèse des animaux-machines (98), et celle de la machine humaine que les habitudes conditionnent en bien ou en mal est un élément important sur le chemin de la foi. Mais il garde ses distances. Découvrir les lois de la mécanique qui régissent le monde ne signifie pas qu'on l'a compris à fond. Ni la croyance de l'un que le vide n'existe pas parce qu'il y a toujours une matière subtile, ni sa théorie des tourbillons de matière cosmique, ne pouvaient être acceptés par celui qui allait prouver l'existence du vide. Pascal, qui rabaisse la raison et montre les limites de celle-ci, affirme qu'elle ne conquerra jamais le monde et ne découvrira jamais la clé de son énigme. C'est un outil trop grossier. Les vraies preuves de Dieu sont à chercher dans l'Histoire et non dans le raisonnement. Le cartésianisme lui semble une bonne philosophie… provisoire, qu'il convient de dépasser. Il ne saurait y adhérer définitivement Descartes approfondit excessivement les choses, s'égarant loin de l'essentiel, « l'unique nécessaire » (476). Sa philosophie ne donne à Dieu qu'un rôle insignifiant et presque superflu. Il fait donc partie de ces « dogmatiques » mis en échec dans la pensée 122. Autrement dit, au-dessus de la géométrie, il y a l'esprit de finesse ». Il manque à Descartes la Révélation d'un Dieu incarné, s'offrant en victime pour le salut de l'humanité. Le voilà en définitive « ridicule » avec son « roman de la nature, semblable à peu près à l'histoire de Don Quichotte », « car cela est inutile et incertain et pénible ». (77 et 702).

Le cartésianisme, c'est le produit d'un « géomètre », l'« assurance », c'est-à-dire seulement la seconde étape qui mène l'incroyant à Dieu (159).

VII. Quelques aspects tragiques des *Pensées*

Devant l'image de la vie que donnent les dossiers II à VIII et bien d'autres fragments, le lecteur ne peut pas ne pas ressentir une impression de cruauté systématique de la part de l'auteur. Ce que décrit Pascal, c'est la tragédie que nous vivons tous, plus ou moins douloureusement selon notre destin. Une véritable tragédie, pour la simple raison que cette pièce de théâtre qu'est notre passage dans le monde finit nécessairement par notre mort. Chez Pascal, ce n'est pas une mort paisible, comme celle qu'il a apparemment connue, mais un drame baroque, shakespearien si l'on peut dire. Voici le moment où le rideau tombe : « Le dernier acte est sanglant, quelque belle que soit la comédie [la pièce jouée par des comédiens] en tout le reste. On jette enfin de la terre sur la tête et en voilà pour jamais ». (154). Évocation violente mais non macabre d'un meurtre, issue douloureuse d'une vie peut-être agréable, mais de toute façon menacée par des maladies, réalité prosaïque, et par là pathétique*, de l'inhumation réduite à la métonymie de la tête, partie la plus expressive du corps, recouverte vivement (« jette ») de terre comme s'il n'y avait même pas de cercueil. La fin de la phrase, avec le présentatif à valeur exclamative, manifeste dans sa brièveté une sorte de brusquerie, comme si l'on se débarrassait définitivement à la va-vite d'un mort encombrant. Le dernier mot, « pour jamais », très fort, résonne par opposition à la pelletée de terre comme un signe lexical de l'éternité de la mort, comme s'il n'y avait pas de résurrection pour l'incroyant.

Nul n'échappe au « dernier acte sanglant » : tout homme est un condamné à mort en puissance, exécuté par un supplice affreux que l'ancien Régime n'a pas connu, l'égorgement en public, qui assimile l'homme à un animal de boucherie dans un abattoir, mais un animal qui serait conscient du sort qui l'attend. La métaphore du fragment 405 est d'une affreuse cruauté. Pour l'apprécier pleinement il faut la comparer à la situation évoquée dans la pensée 152, moins horrible dans sa présentation. Ici, l'important n'est pas la mort en soi, mais l'insouciance anormale du prisonnier : il lui est possible d'être gracié à son initiative s'il est condamné, mais son attention est accaparée par un jeu de cartes. Cet aveuglement absurde est le lot des libertins qui ignorent leur véritable situation et dorment tranquilles dans leur indifférence. Le rôle de l'apologiste, on l'a vu, est de les tirer de leur torpeur. C'est alors que se met en place une autre situation tragique. Quand il a pris conscience de sa condition, l'incroyant ressemble à « un homme qu'on aurait porté endormi dans une île déserte et effroyable, et qui s'éveillerait sans connaître où il est et sans moyen d'en sortir » (184) – fragment qui sonne comme du Kafka. On comprend qu'il soit « malheureux et raisonnable » (cf. 149), ce dernier adjectif s'appliquant à quelqu'un qui mesure pleinement son sort, et « gémissant » (384).

D'autres éléments tragiques sont repérables. L'aspect de machine infernale dont rien ne saurait arrêter le mouvement est également présent. Une tension permanente est provoquée par les différents combats qui se livrent en nous. Le conflit entre notre désir profond de bonheur, de sérénité, de certitude, et la pénible réalité de notre vie est causé par la concupiscence*, qui nous pousse à rechercher des billevesées décevantes si nous parvenons à les posséder. Le tiraillement entre les valeurs morales et religieuses que notre cœur nous dit véritablement bonnes et le train du monde qui les bafoue ou les ignore est source d'une souffrance sans grand espoir sinon en Dieu. Autre motif de tourment, les bras que l'homme tend vers le Dieu transcendant* restent vides tant ce dieu caché, mystérieux, apparaît lointain, silencieux, apparemment indifférent à l'état du monde sauf de manière exceptionnelle, qu'il faut savoir déchiffrer. Pascal explique pourquoi, dit le remède à cette impression, mais il est parfois lui-même saisi de doute. Dieu est si bien caché que son existence même, impossible à certifier, fait l'objet d'un pari.

Tragique surtout cette malédiction qui a frappé au commencement du monde nos premiers parents et avec eux tous leurs descendants, comme les enfants d'Atrée[1] d'après la mythologie grecque. Dans le noir éternel de l'espace, l'homme innocent du péché des origines se retrouve aveugle et condamné comme un Œdipe d'après la grande révélation. Il y a bel et bien également du tragique dans la situation sans issue qui nous fait aller de notre misère à la conscience de celle-ci, ce qui nous est motif de grandeur, grandeur qui nous renvoie par contraste à notre misère et ainsi de suite. Nous sommes condamnés à tourner en rond dans le cercle de notre malheur.

Cela dit, la recherche spirituelle peut être couronnée de succès. Le tragique disparaît alors et celui qui a fait le nécessaire de son côté, illuminé par la grâce d'en haut, devient un croyant « raisonnable et heureux ». Quant à celui qui persévère dans son aveuglement, son cas reste désespéré puisqu'il se voue à une éternité de souffrance.

Ainsi la tragédie de la condition humaine est un moment dans la vie du chrétien. Elle est dépassable dans le cheminement dont tout homme doit prendre l'initiative.

1. Dans la mythologie grecque, Atrée, par haine pour son frère Thyeste, lui donna à manger les membres de ses propres enfants. La malédiction divine attachée à cet horrible crime s'abat sur les descendants d'Atrée, les Atrides, dont le plus connu est le roi Agamemnon.

Deuxième partie

Étude de l'objet du débat

Pascal en débat

Pour tout homme, vient un moment de sa vie où se pose la question de son existence, telle que la résume la pensée 64. Pourquoi suis-je dans ce monde ? Qui m'y a mis ? Qu'y fais-je ? Dois-je y faire quelque chose et quoi ? Y a-t-il quelque chose après la mort ? Nos réponses, de quelque forme qu'elles soient, conditionnent largement notre vie. Ces interrogations qu'on dit existentielles, parce qu'elles portent sur le sens ou l'absence de sens de notre existence rejoignent la question de notre identité en tant que représentant du genre humain. Qui est l'homme ? Que sommes-nous ? Le seul fait de se poser ces questions a-t-il une signification ? Nous laissent-elles entendre par avance quelque chose sur notre nature et sur notre identité ?

Les *Pensées* de Pascal appartiennent à ces œuvres qui conduisent le lecteur à aborder ce domaine métaphysique, c'est-à-dire étymologiquement au-delà de ce qui est de l'ordre naturel ou matériel, à la frontière entre la philosophie et la littérature dite « morale », et elles proposent, ce qui n'est pas toujours le cas, une réponse possible. Sans remonter jusqu'à l'archétype du moraliste, **Socrate**, dont nous connaissons l'enseignement par l'œuvre de son disciple **Platon**, et pour nous limiter au domaine français, l'exemple ancien le plus célèbre que nous pouvons citer sont les *Essais** de Montaigne. L'histoire de notre littérature indique que le XVIIe siècle est une époque fertile en réflexions sur la condition humaine, comme si ce temps, qui voit se développer la notion d'individu, avait été plus sensible qu'un autre à ce genre de questions. C'est un point intéressant qu'il est difficile d'approfondir sans sortir des limites de cet ouvrage. Les écrivains classiques doivent en partie leur gloire aux analyses minutieuses qu'ils ont laissées sur les comportements privés et publics des hommes, leurs motivations, leurs aspirations. « Spectateurs de la vie », selon la formule de Montaigne, ils ont décrit l'homme par le biais des différents genres littéraires. Citons quelques exemples.

La Rochefoucauld (1613-1680) a composé un volume de *Maximes* brèves qui décrivent l'amour-propre, c'est-à-dire l'amour de soi, comme seul moteur de nos actions et de nos pensées. Fortement influencé par le jansénisme, l'écrivain passe en revue l'être humain, qu'il peint préoccupé par les apparences, soucieux de tout ramener à sa personne, furieusement égoïste. *Les Caractères* de **La Bruyère** (1645-1696) offrent un vaste panorama de la société du temps. L'œuvre dénonce elle aussi sous forme de portraits satiriques la comédie mensongère des apparences. Elle critique vertement l'injustice du système politique en place. D'autres écrivains ont dans le même temps abordé ces questions. Nous pensons aux sermons et aux oraisons funèbres de l'évêque de Meaux, **Bossuet** (1627-1704) ou, dans le domaine profane, à bien des romanciers, des poètes et des dramaturges. Les romans de **Madame de La Fayette** (1634-1693) dont *La Princesse de Clèves* est le plus connu, les dernières tragédies de Corneille, celles de Racine, des pièces en vers de La Fontaine, participent d'évidence à cette entreprise d'investigation sur le cœur de l'homme et le sens de sa vie. Songeons au roi Prusias de *Nicomède* (chez Corneille) ou au jeune empereur Néron, le « monstre naissant » dans le *Britannicus* de Racine, deux personnages qui laissent voir les replis peu glorieux de leur personnalité.

Pour en revenir à Pascal, les *Pensées* sont un astre de première grandeur dans la constellation des moralistes classiques. Les constats qu'il y fait sur la vie soulèvent les questions fondamentales que nous énumérions plus haut, questions adressées aussi aux lecteurs juvéniles qui sortent de l'adolescence sans avoir eu encore l'occasion de se les poser. Ce n'est nullement un privilège de l'âge mûr de s'interroger sur la condition de l'homme. Il suffit de s'être trouvé en pleine campagne une nuit d'été pour que la vue du ciel étoilé, la dimension vertigineuse de l'univers et par contraste notre taille insignifiante, nous saisissent et nous interpellent inopinément sur notre place dans le monde. C'est dans un moment semblable que Voltaire, immobilisé une nuit glaciale par un accident de carrosse, en pleine campagne lorraine, fut envahi par le sentiment de l'existence de Dieu, comme il le raconte dans sa correspondance.

Les sombres idées de la première partie des *Pensées* sont destinées à faire réagir le lecteur, qui se demande bientôt si une pareille vision reflète la réalité ou si elle la déforme et pourquoi. Question délicate : un verre est-il à moitié plein ou à moitié vide ? La réponse dépend de la tournure d'esprit de l'observateur. Selon sa façon de percevoir le monde et de concevoir la vie, il donnera sa réponse, que conditionne largement son tempérament, ses convictions, son éducation, son histoire, voire son humeur du moment. Pour La Fontaine par exemple, la condition humaine n'est jamais ou presque jamais perçue comme désespérée. « Le plus semblable aux morts meurt le plus à regret » conclut la fable « La Mort et le mourant », et un misérable, accablé de souffrances matérielles et morales au point d'appeler la Mort pour sa délivrance préfère rester en vie sitôt qu'Elle seprésente (« La Mort et le Bûcheron »). Peut-être est-ce parce que la trame de l'existence est mêlée de misères, souvent prévisibles, et de satisfactions petites ou grandes et qu'il subsiste toujours un espoir d'amélioration ? D'autres, sensibles aux contrastes parfois brutaux que le hasard (?) ménage, estiment de même que « la vie ne vaut rien mais rien ne vaut la vie ». Bien des gens évoluent au fil des jours, dans un sens ou dans le sens inverse, en fonction des expériences qu'ils vivent.

Le grand mot est lâché, **la vie**, qui appelle son corollaire, **la mort**. La question existentielle, justement parce qu'elle concerne notre existence, concerne évidemment son terme ; le sens ou l'absence de sens de la vie est lié au sens ou à l'absence de sens de la mort. Les religions, aussi anciennes que l'homme et caractéristique de l'humanité, ont pour rôle de proposer une réponse à ce problème. Ou bien l'homme est un pur produit du **hasard** biologique, le résultat d'une combinaison aléatoire de molécules qui ont fini par produire de la vie et, à la suite d'une évolution, pendant des millions de siècles, les formes vivantes dont l'être humain est l'aboutissement. Ou bien il a été **créé par un dieu** qui nourrit un dessein à son propos. On sait le point de vue judéo-chrétien de Pascal sur ce problème, son apologie du christianisme. Nous avons eu l'occasion de dire fortement que sa vision d'une condition humaine affligeante telle que la présentent les dossiers au programme est seulement un moment d'une démarche spirituelle. L'écrivain croyant est convaincu que celui qui fait le pari de l'existence de Dieu en tirera des fruits irremplaçables, recevra les indiscutables réponses aux questions fondamentales, trouvera l'épanouissement de son être dans la joie d'être sauvé de l'anéantissement dès ce monde, et sera voué à un parfait bonheur éternel après sa mort.

Selon que l'on adhère ou pas à cette démarche chrétienne, selon que l'on croit au Ciel ou pas, il y a plusieurs manières de donner réponse à la question essentielle, comment se comporter dans la vie étant donné notre condition que nous n'avons pas choisie ? Comme le déclare Camus dès la première page du *Mythe de Sisyphe*, **juger que la vie vaut ou ne vaut pas la peine d'être vécue, c'est la question fondamentale de la philosophie.** Parmi ceux qui adoptent une position extrême, on trouve des hommes qui choisissent de se retirer du monde **dans un monastère**, version moderne du désert de l'antiquité tardive. Le moine, entretenant un tête-à-tête permanent avec son

Dieu, partage sa vie entre le travail et la louange. Il a renoncé aux plaisirs et aux joies du monde car il les juge décevants, éphémères, voire dangereux pour le salut de son âme. Seul Dieu, source de tout Amour, de toute Vérité et de toute Vie, peut étancher la soif de perfection, d'infini et d'éternité qui travaille le cœur. On peut se demander d'ailleurs pourquoi Pascal ne suivit pas cette voie. Peut-être y songea-t-il en 1655 lors de ses séjours à Port-Royal ? Le projet d'une apologie était-il compatible avec la vie monastique ? L'écrivain a emporté avec lui la réponse. D'autres, pensant le ciel vide, désespèrent de trouver une seule raison de continuer à vivre et préfèrent quitter définitivement le monde **en s'ôtant la vie**. Décision qui pose plus de problèmes qu'elle n'en résout, à ceux qui restent, en particulier à leurs proches. Le suicide est un problème métaphysique majeur.

Face à ces solutions radicales, les optimistes, parce qu'ils trouvent que les choses vont plutôt bien ou pas si mal qu'on ne le dit, ne se posent guère de problèmes métaphysiques*. Comme le cantonnier de Fernand Reynaud, ils sont « heu-reux », le disent et, pour autant qu'on puisse s'en assurer, le paraissent. Inconscience ? Aveuglement volontaire ? Les pénibles mésaventures que subit le docteur Pangloss, disciple caricatural d'un Leibniz revu par Voltaire dans *Candide*, n'altèrent en rien son optimisme, resté inchangé avant et après son voyage initiatique. Les deux personnages que nous évoquons sont des créations comiques. Mais faut-il blâmer la béatitude de leurs modèles humains, souligner leur aveuglement, chercher à les tirer de leur inconscience ? Il existe aussi des optimistes raisonnables, qui se veulent des sages.

Il y a enfin le parti de ceux qui choisissent une voie offrant des raisons de vivre, fût-ce en luttant. Ceux-là gardent les yeux bien ouverts sur la réalité du monde et de leurs semblables. Mais ils sont décidés à faire ce qui est en leur pouvoir pour **changer ce**

qui est susceptible de l'être, sans se laisser décourager par la question de la disproportion entre l'immensité des besoins et la modestie éventuelle de leur action. Comme le répondait, dans un sermon de saint Augustin, un enfant à un passant qui lui disait la vanité de vouloir sauver d'une mort certaine toutes les étoiles de mer jetées sur le sable, que l'enfant s'appliquait à remettre à l'eau : « Certes, cela ne change sans doute rien à l'ensemble mais pour chaque étoile rendue à la vie, cela change tout ». À côté des ordres religieux dits « contemplatifs » parce que leur règle de vie est fondée sur une attitude d'adoration permanente de Dieu et sur la prière, il existe des ordres dits « actifs », dont les membres demeurent dans le monde pour se mettre au service des autres, en particulier des plus démunis, en tant que leurs frères en Jésus-Christ. Ils soignent les malades, visitent les prisons, éduquent les jeunes, défendent les intérêts des opprimés, luttent pour le triomphe de la justice, toutes façons de témoigner concrètement de l'Évangile, donc de le faire connaître, sans chercher systématiquement à convertir ceux qu'ils aident. Certains autres, sans faire référence à une religion, agissent de même et mettent l'homme au centre de leurs préoccupations. Médecins, ingénieurs, militants généreux de causes politiques, économiques, sociales, ils engagent toutes leurs forces à transformer la condition matérielle et morale des déshérités, « par amour de l'humanité » pour parler comme le Don Juan de Molière abandonnant une aumône à un mendiant (acte III, scène 2)[1]. On songe aux belles figures camusiennes de *La Peste*, Tarrou et Rieux, qui luttent contre l'épidémie jusqu'au bout. Cet engagement vaut parfois aux militants l'hostilité, voire l'agressivité de ceux dont ils heurtent les intérêts. Ceux-là croient à un progrès

1. Don Juan jette finalement le louis au mendiant non par philanthropie mais pour ne pas perdre la face devant l'éminente dignité du Pauvre qui refuse le marché proposé par le « méchant homme ». Nous ne retenons ici que la formule, qui s'oppose à la formule attendue « pour l'amour de Dieu ».

possible de la condition humaine, ils refusent de se soumettre à une fatalité aveugle et, sans faire une confiance naïve dans les qualités de l'homme, pensent qu'avec le temps, le monde peut devenir vivable. Il y faut de la ténacité, une immense patience, du courage, et un travail concerté avec tous les hommes de bonne volonté. Vaste et magnifique programme !

Les Pensées en débat

Il existe bien des manières de lire Pascal. Ses commentateurs, plus que ceux d'aucun autre écrivain, ont projeté sur lui leurs convictions. Ils y ont trouvé des réponses aux questions qui les travaillaient. C'est plus qu'un débat d'idées, c'est un choix de vie. Les réflexions anthropologiques des premiers dossiers classés sont d'une permanente actualité.

Depuis la publication de 1670, les éditions des *Pensées* jusqu'en 1715 furent nombreuses, ce qui montre l'intérêt des contemporains de Louis XIV pour une œuvre à jamais inachevée. Il est vrai qu'un certain pessimisme hérité de la pensée augustinienne, encore assombrie par le jansénisme, triomphe dans une certaine vision du monde au Grand Siècle.

Un autre fait a joué après la mort de Pascal en faveur de la diffusion de son œuvre, la controverse, plus politique que religieuse, qui fit du bruit de 1730 à 1732. Malgré ou à cause de la persécution tenace mené par le pouvoir, le jansénisme trouva des fidèles au long du XVIIIe siècle, et sur la tombe d'un diacre de cette sensibilité, dans le cimetière parisien de Saint-Médard, on prétendit que se produisaient des miracles. Cela provoqua une agitation qui dégénéra en troubles. Les autorités mirent quelque temps à rétablir l'ordre public.

En 1734 paraissent les 24 *Lettres philosophiques* ou *Lettres anglaises* de **Voltaire**. Elles contiennent en annexe une 25e lettre, sur les *Pensées*, dont la teneur est apparemment sans rapports avec ce qui précède. Le philosophe a choisi 57 fragments, qu'il commente. Ses remarques montrent sa désapprobation mais en même temps son attirance pour l'apologiste, avec qui il entretiendra un dialogue à distance.

Voltaire assure en commençant la dernière lettre du recueil qu'il « respecte le génie et l'éloquence de M. Pascal », preuve de l'importance qu'avait déjà notre auteur, mais qu'il « ose prendre le parti de l'humanité contre ce misanthrope sublime ». Le ton des commentaires reste toujours courtois malgré quelques touches d'ironie mêlées à des louanges et à de nombreuses critiques. Cette manière aimable tranche avec les éloquentes « injures au genre humain » que Voltaire dit trouver dans *Les Pensées*. Il parle poliment de » quelques erreurs d'inattention de ce grand génie », qui les aurait corrigées s'il en avait eu le temps ! Sa feinte modestie ne veut cependant pas atténuer son opinion. Pascal est donné pour un esprit violent, un fanatique de Dieu acharné à tout dénigrer dans l'homme, en un mot « un métaphysicien », c'est-à-dire aux yeux de Voltaire un cerveau préoccupé par des questions non matérielles qui dépassent l'intelligence et la raison humaines, restent insolubles et, tort irrémédiable, nourrissent l'intolérance. Trois aspects propres à le faire rejeter par celui qui a combattu toute sa vie ces très graves défauts, en tant que sources de haines et de persécutions. Pascal aurait fait de l'homme une énigme « pour avoir le plaisir de la deviner ». À quoi s'ajoute le « galimatias » de l'expression, à force de paradoxes.

Loin d'être une annexe au recueil, la dernière lettre propose une philosophie pour le monde nouveau qui s'est dessiné après la mort de Louis XIV. Le temps de Pascal est une époque de désordre, de heurts de sociétés, un temps de violence dans un univers brusquement si élargi que l'individu en est écrasé. « Le misanthrope », après avoir mis à nu les fondements de la société, les injustices, les absurdités de toutes sortes, la vanité du divertissement qui permet de survivre au désespoir, invite son lecteur à se tourner vers le surnaturel, la foi, l'au-delà, la mystique*. Voltaire refuse ces perspectives et fait à son tour l'apologie d'un bonheur possible sur la terre. Avant lui, un esprit éclairé comme **Fontenelle** (1657-1757) avait réagi dès 1686, dans les *Entretiens sur la Pluralité des mondes*, en vantant la sagesse des hommes, capables de dissiper leur angoisse par l'étude scientifique de la mécanique céleste. Pour Voltaire, un certain bonheur est né de l'amélioration relative de la vie quotidienne en France grâce à une longue période sans guerre sur le sol français. Ce changement positif provient aussi d'une nouvelle conception de la civilisation : la découverte progressive des lois de la nature transforme le monde. Cette idée de bonheur traverse tout le siècle. La nature est bonne, nous disent les philosophes matérialistes des Lumières, la vertu consiste à être utile à son prochain, elle est source de joie. Et la vie sociale en Europe promeut l'humanité, qui prend désormais le pas sur l'individu. L'action menée en commun pour le bien du plus grand nombre permet de dépasser la notion pascalienne de divertissement creux. Le souci de la collectivité encourage en retour l'effort individuel et incite à un optimisme prudent.

Cette opposition aux conceptions fondamentales de Pascal apparaît nettement dans le commentaire numéro XXII, qui réagit à une partie de la pensée 43 :

> XXII « Que chacun examine sa pensée ; il la trouvera toujours occupée au passé et à l'avenir. Nous ne pensons presque point au présent ; et si nous y pensons, ce n'est que pour en prendre la lumière pour disposer de l'avenir. Le présent n'est jamais notre but ; le passé et le présent sont nos moyens ; le seul avenir est notre objet. »
>
> Il faut, bien loin de se plaindre, remercier l'auteur de la nature de ce qu'il nous donne cet instinct qui nous emporte sans cesse vers l'avenir. Le trésor le plus précieux de l'homme est cette *espérance* qui nous adoucit nos chagrins, et qui nous peint des plaisirs futurs dans la possession de plaisirs présents. Si les hommes étaient assez malheureux pour ne s'occuper que du présent, on ne sèmerait point, on ne pourvoirait à rien : on manquerait de tout au milieu de cette fausse jouissance. Un esprit comme M. Pascal pouvait-il donner dans un lieu commun aussi faux que celui-là ? La nature a établi que chaque homme jouirait du présent en se nourrissant, en faisant des enfants, en écoutant

> des sons agréables, en occupant sa faculté de penser et de sentir, et qu'en sortant de ces états, souvent au milieu de ces états même, il penserait au lendemain, sans quoi il périrait de misère aujourd'hui.

C'est un véritable éloge du souci de l'avenir, de la prévoyance, d'une prudence digne d'un père de famille, que fait ici Voltaire, et il s'appuie pour cela sur l'activité la plus nécessaire, l'agriculture, qui permet de pourvoir à la nourriture du lendemain. Nous sommes quasiment renvoyés ici à la révolution néolithique, quand les premiers hommes comprirent que la chasse et la cueillette donnaient des résultats aléatoires et qu'ils se mirent à cultiver la terre, progrès décisif dans l'histoire de l'humanité. Mais il n'est pas sûr que l'avis de Pascal soit scandaleusement faux. À trop tirer des plans « sur la comète » il est des domaines où l'on risque la déception, et la fable de *La Laitière et le pot au lait*, pour en rester à un niveau simple, n'en est pas moins pleine de sagesse. « La cigale ayant chanté tout l'été » meurt en hiver faute d'avoir pensé en temps opportun à l'arrivée de « la bise ». L'expérience du présent, qui a une dimension esthétique et spirituelle, est magnifiquement exprimée, par exemple, dans le recueil *Noces,* de Camus. Mais l'écrivain ne nous y donne pas une leçon d'insouciance.

« S'il y a un Dieu, il ne faut aimer que lui et non les créatures. » affirme Pascal en reprenant un enseignement biblique traditionnel, qui vise à faire rejeter par les croyants toute forme d'idolâtrie ou d'amour humain exclusif. Voltaire répond vertement : « Il faut aimer, et très tendrement, les créatures ; il faut aimer sa patrie, sa femme, son père, ses enfants ; et il faut si bien les aimer que Dieu nous les fait aimer malgré nous. Les principes contraires ne sont propres qu'à faire de barbares raisonneurs. » Le malentendu est évident. Nulle part en effet l'Évangile nous demande de ne pas aimer son prochain, bien au contraire. Tout est dans la nature de cet amour et sa place par rapport à l'amour envers Dieu. Pascal, loin d'être un « barbare » sans cœur, s'est montré plein de sollicitude à l'égard des pauvres.

Le fragment 541 est une mise en cause, que nous avons rencontrée plus haut, de la force contraignante des habitudes. Voltaire n'est pas de cet avis, trahissant un préjugé social qui n'a peut-être pas encore complètement disparu de nos jours. La remarque de Pascal annonce avec trois siècles d'avance l'orientation scolaire :

> XXI « La chose la plus importante à la vie, c'est le choix d'un métier ; le hasard en dispose. La coutume fait les maçons, les soldats, les couvreurs »
>
> Qui peut donc déterminer les soldats, les maçons et tous les ouvriers mécaniques, sinon ce qu'on appelle hasard et la coutume ? Il n'y a que les arts de génie auxquels on se détermine de soi-même. Mais pour les métiers que tout le monde peut faire, il est très naturel et très raisonnable que la coutume en dispose. »

Enfin, Voltaire prend ses distances par rapport à l'aspect empesé, majestueux, de l'époque classique. C'est pourquoi il fait l'éloge de Montaigne, témoin d'un siècle libre, qu'une édition nouvelle des *Essais* venait de faire redécouvrir.

Voltaire évoluera et nuancera son opinion, au fil des déconvenues, des condamnations officielles et de ses combats. La conclusion du conte *Le Monde comme il va,* composé entre 1739 et 1745, n'a plus l'élan souriant du poème *Le Mondain* (1736). On y rencontre un certain Babouc, envoyé à Persépolis afin de conseiller un puissant génie sur l'opportunité de détruire la ville, en punition de ses forfaits. Il découvre dans la capitale « des abîmes d'iniquité », des abus et des scandales. « Plus on voit ce monde et plus on le voit plein de contradictions et d'inconséquences », écrit Voltaire dans un autre texte composé à cette époque, rejoignant presque le point de vue de Pascal. Mais Babouc estime à l'issue de son enquête que le bien et le mal, intimement mêlés, s'équilibrent et que d'un mal peut naître un bien. Il faut donc accepter l'homme tel qu'il est, **en renonçant à l'expliquer**. Le puissant génie décidera finalement d'écouter Babouc et d'épargner la capitale. On le comprend, Voltaire essaie quand même de se rassurer et de rassurer. Il s'efforce de dominer un découragement passager.

Mais il n'en a pas fini avec la tentation du désespoir que représente Pascal. Il ajoutera encore des commentaires à l'édition des *Pensées* que donnera en 1776 **Condorcet** (1743-1794). Celui-ci fait de Pascal un précurseur des Philosophes du XVIIIe siècle, travaillant à saper méthodiquement les bases de l'ancien Régime. Voltaire, parvenu à la fin de sa vie, fait confiance aux hommes et se montre raisonnablement optimiste. Condorcet prédit le progrès de l'humanité grâce au développement de l'instruction publique qui accroîtra notre pouvoir sur la nature et contribuera ainsi à un plus grand bonheur en ce monde.

Pascal se montre aussi un précurseur de **Jean-Jacques Rousseau** à propos de la propriété privée (fragment 60 qui semble annoncer le *Discours sur l'origine de l'inégalité*), et des hommes de **la Convention** dans certains fragments prophétiques (17, 62, 95, etc.). Mais fidèle à son idéal, il a refusé de remettre en cause le système monarchique absolu (cf.83) et la Révolution attendra encore plus d'un siècle.

L'abbé Grégoire (1750-1831) est celui des hommes de 1789 qui est le plus proche disciple de Pascal. Auteur d'une *Histoire de Port-Royal* (1809), il avait participé à la mise en place d'une Église constitutionnelle, ultime expression du jansénisme. En revanche, la Restauration n'est pas tendre avec les Jansénistes et **Joseph de Maistre,** qui ne retient de Pascal que les réflexions ébranlant le système monarchique, appelle *Les Provinciales Les Menteuses.*

Au XIXe siècle, le premier à proposer une autre image de Pascal est **Chateaubriand**. Dans *Le Génie du christianisme* (1802), qui se veut une apologie de la religion après la tourmente de la Révolution, une page célèbre (livre II, VI) trace un portrait extraordinaire nourri de la légende devenue traditionnelle du personnage. En une longue phrase cadencée comme une période de Cicéron, le père du romantisme français fixe les traits d'un Pascal fascinant dans sa démesure :

> « Il y avait un homme qui, à douze ans, avec des *barres* et des *ronds*, avait créé les mathématiques ; qui, à seize, avait fait le plus savant traité des coniques qu'on eût vu depuis l'antiquité ; qui, à dix-neuf, réduisit en machine une science qui existe tout entière dans l'entendement ; qui, à vingt-trois, démontra les phénomènes de la pesanteur de l'air, et détruisit une des grandes erreurs de l'ancienne physique ; qui, à cet âge où les autres hommes commencent à naître, ayant achevé de parcourir le cercle des sciences humaines, s'aperçut de leur néant, et tourna ses pensées vers la religion ; qui, depuis ce moment jusqu'à sa mort, arrivée dans sa trente-neuvième année, toujours infirme et souffrant, fixa la langue que parlèrent Bossuet et Racine, donna le modèle de la plus parfaire plaisanterie, comme du raisonnement le plus fort ; enfin qui, dans les courts intervalles de ses maux, résolut, par abstraction, un des plus hauts problèmes de géométrie, et jeta sur le papier des pensées qui tiennent autant de Dieu que de l'homme : cet effrayant génie se nommait Blaise Pascal ».

La suite est moins saisissante mais moins fantaisiste : « les six chapitres où il traite de la nature de l'homme », dans lesquels se trouve notre texte au programme, lui paraissent exceptionnels dans l'art de l'analyse, un sommet de la littérature classique.

« Les sentiments de Pascal sont remarquables surtout par la profondeur de leur tristesse, et par je ne sais quelle immensité : on est suspendu au milieu de ces sentiments comme dans l'infini », peut-on lire. En soulignant que *Les Pensées*, « monument curieux de la philosophie chrétienne », « tiennent autant de Dieu que de l'homme », Chateaubriand donne la première lecture romantique de Pascal et lui rend sa dimension religieuse.

Cependant le professeur Jean Mesnard assure que c'est **Victor Cousin**, philosophe et ministre de l'Instruction publique, qui fixa en 1842 l'image d'un Pascal à la mode du temps. Homme tourmenté par le doute, Pascal se serait réfugié dans la foi pour ne pas sombrer dans le désespoir. Selon Cousin, son hostilité à l'égard du rationalisme cartésien lui aurait rendu attirant le scepticisme serein de Montaigne, mais son besoin de résister au néant de la mort par la foi en aurait fait un angoissé et un chrétien torturé. Cette conception de Pascal est contestable ; nous avons vu que l'expérience mystique* de 1654 était marquée par la joie, sentiment souligné quatre fois dans le Mémorial. Certes, il s'agit d'une joie intérieure qui ne se traduit pas forcément sur le visage. S'y ajoutent les effets de la maladie et les détails austères de la biographie donnée par la famille de l'écrivain. Mais Victor Cousin et avec lui une partie du XIXe siècle ont interprété Pascal comme le précurseur des héros des drames romantiques, une figure sombre toujours effrayée, doublé d'un philosophe qui s'adresse aux sceptiques, bref, un penseur en qui purent se reconnaître beaucoup d'hommes du XIXe siècle.

Tout au long de cette époque, on se disputa l'héritage de Pascal, en qui on voyait tantôt le plus acéré des moralistes inspirés par la religion, tantôt le plus décapant des sceptiques. Pascal est au centre du cours professé à Lausanne par **Sainte-Beuve** en 1837-1838. Cet enseignement donnera naissance aux trois tomes de *Port-Royal* (1840). Fasciné par Pascal, le grand critique fait du moraliste classique le maître de la prose française du Grand Siècle, idée que nous avons rencontrée sous la plume de Chateaubriand.

Plus tard **Baudelaire**, évoquant en 1851 Victor Hugo, note le goût du poète pour les décors fastueux et évoque par contraste un Pascal « enflammé par l'ascétisme* », obstiné « à vivre entre quatre murs nus avec des chaises de paille », choix que Baudelaire trouve « beau et grand » sans paraître tenté de faire le même ! L'auteur des *Fleurs du mal* relève aussi une phrase dans un article sur Edgar Poe publié en mai 1858 par **Barbey d'Aurevilly** : « depuis Pascal peut-être, il n'y eut jamais de génie plus épouvanté, plus livré aux affres de l'effroi et à ses mortelles agonies, que le génie panique d'Edgar Poe ! » C'est bien la même légende qui transmet les mêmes images. Seul **Léon Bloy** (1846-1917) nous propose une vision à sa façon quand il écrit à un correspondant : « Que pourrais-je vous dire des Jansénistes dont le nom seul me donne des convulsions ? À l'exception de Pascal qui fut un grand poète foudroyé par les mathématiques, à l'exception, peut-être aussi, d'Arnaud, qui a laissé des traductions estimables, je ne vois en eux que des hérétiques pleins d'hypocrisie et d'épouvantables cuistres tels que Nicole ou Lancelot. » Il est heureux que Pascal échappe à cette fureur. Qu'il soit perçu comme un poète, c'est très juste, mais que signifie « foudroyé par les mathématiques » ? Le converti passionné que fut Bloy, le champion du catholicisme, ennemi acharné de Zola, se serait-il laissé emporter une fois de plus par le bruit des mots ?

Amateur de l'œuvre de **Zola**, nous avons eu la curiosité de savoir s'il avait parlé de Pascal. Dans *Mes Haines*, un recueil d'articles de critique littéraire paru en 1865, nous avons trouvé quelques lignes à propos d'un ouvrage sur *Les Moralistes français*. Après Montaigne et La Boétie, il en vient à Pascal. « Cette pauvre âme déchirée », écrit Zola, pris de pitié devant l'épouvante et le désespoir du mystique, « a été tuée par la foi comme elle l'aurait été par l'incrédulité [...] Je ne connais pas de figure humaine plus haute et plus douloureuse ». Mais le jeune écrivain refuse de se jeter avec lui « dans le gouffre, les yeux fermés », quoiqu'il se sente « effrayé », « troublé », « l'âme saignante ». Son énergie le convainc de garder les pieds ancrés sur la terre ferme. C'est affaire de tempérament. La crise pessimiste qu'il traversera en 1880 trouvera une autre forme de résolution.

Ainsi, le mythe du penseur fixant des yeux hagards sur l'infini est-il désormais constitué.

Dans la préface au recueil de ses *Poésies*, le comte de **Lautréamont**, de son vrai nom Isidore Ducasse (1846-1870), en qui les Surréalistes ont reconnu un précurseur, s'interroge : « À quoi bon regarder le mal ? [...] Pourquoi pencher la tête d'un lycéen sur des questions qui, faute de n'avoir pas été comprises, ont fait perdre la leur à des hommes tels que Pascal et Byron ? ». On reconnaît là le provocateur qui plaisait tant à Tristan Tzara et André Breton. Il en va de même un peu plus loin dans le texte avec cette pensée inattendue directement inspirée par une réflexion célèbre de Pascal (392, cf. 42) : « Si la morale de Cléopâtre eût été moins courte, la face de la terre aurait changé. Son nez n'en serait pas devenu plus long ». Il y a là de quoi réfléchir un moment...

C'est hors de France que vécut Sören **Kierkegaard**, qui constitue une sorte de relais entre Pascal et les Existentialistes.

Fenêtre sur Kierkegaard

Philosophe danois (1813-1855) qui médita comme Pascal sur le tragique de la condition humaine, il est considéré comme un précurseur de l'existentialisme. Sa pensée est marquée par sa vocation au sacrifice et au martyre, la crainte de Dieu, le sentiment du péché et d'une malédiction de sa personne. Il affirma la primauté de l'existence sur l'essence, ce qui est le fondement de l'existentialisme, et le primat de la subjectivité.

Il distingue trois manières possibles de vivre, selon l'esthétique, l'éthique ou la religion, qui sont trois stades d'une éventuelle évolution. Les deux premiers états ne procurent pas le bonheur : la vanité des plaisirs esthétiques engendre la mélancolie, la vie selon n'importe quelle éthique donne le sentiment du caractère dérisoire de la sagesse humaine. Le stade religieux, en revanche, est une expérience individuelle, intraduisible, mais étrangère à la raison. Il est fondé sur une relation ineffable entre un homme et Dieu.

Pour Kierkegaard le christianisme est un témoignage existentiel. Alors que Sartre effacera Dieu pour affirmer la liberté de l'homme, Kierkegaard maintient l'existence de Dieu. La créature s'affirme devant le Créateur comme pécheur. Ainsi peut-elle espérer le pardon qui la sauvera.

Abordons maintenant de manière succincte la postérité de Pascal aux temps modernes.

Au début du XXe siècle, Pascal rejoint Descartes au premier rang des philosophes français. Mais on veille à occulter sa foi, en ne prenant en compte que le rationaliste sceptique. S'opposent alors deux conceptions de Pascal, celle de **Paul Valéry** (1871-1945) par exemple (*Variété* « Sur une pensée »), qui présente Pascal comme un intellectuel désireux de prendre la pose, soupçonné de la « jalousie atroce » de ne pas connaître la gloire de Descartes, ou bien, par réaction, domine l'image d'un mystique, aux yeux du philosophe Henri **Bergson** (1859-1941) par exemple. Les catholiques pourront ainsi reprendre leur grand écrivain annexé par les « sans Dieu ».

Valéry réfléchissant sur le fragment 187, « Le silence éternel des espaces infinis m'effraie », y soupçonne une crainte artificielle, visant un effet esthétique, apprêté, et finalement affectée.

> « Je ne puis m'empêcher de penser qu'il y a du système et du travail dans cette attitude parfaitement triste et dans cet absolu de dégoût. Une phrase bien accordée exclut la renon-

> ciation totale. Une détresse qui écrit bien n'est pas si achevée qu'elle n'ait sauvé du naufrage quelque liberté de l'esprit, quelque sentiment du nombre, quelque logique et quelque symbolique qui contredisent ce qu'ils disent. Il y a aussi je ne sais quoi de trouble, et je ne sais quoi de facile, dans la spécialité que l'on se fait des motifs tragiques et des objets impressionnants. Qu'est-ce que nous apprenons aux autres hommes en leur répétant qu'ils ne sont rien, que la vie est vaine, la nature ennemie, la connaissance illusoire ? À quoi sert d'assommer ce néant qu'ils sont, ou de leur redire ce qu'ils savent.
>
> Je ne suis pas à mon aise devant ce mélange de l'art avec la nature. Quand je vois l'écrivain reprendre et empirer la véritable sensation de l'homme, y ajouter des forces recherchées et vouloir toutefois que l'on prenne son industrie pour son émotion, je trouve que cela est impur et ambigu. Cette confusion du vrai et du faux dans un ouvrage devient très choquante quand nous la soupçonnons de tendre à entraîner notre conviction ou à nous imprimer une tendance. Si tu veux me séduire ou me surprendre, prends garde que je ne voie ta main plus distinctement que ce qu'elle trace.
>
> Je vois trop la main de Pascal.

La sévérité de ce point de vue est à la mesure des enjeux de l'apologie pascalienne. Soupçonner l'auteur de manipulation équivaut à discréditer toute son entreprise. Le mot d'« industrie » au sens antique de « technique », « d'activité appliquée » est très fort. On est presque devant un prestidigitateur qui gâterait ses numéros en laissant voir le secret de ses tours ou devant le mélodrame d'un auteur médiocre qui forcerait une situation pathétique pour arracher à coup sûr du public des larmes.

De toute façon, Valéry met en doute l'utilité de la description initiale de la condition humaine. C'est un comble : il y aurait de la vanité, en quelque sorte, dans l'entreprise de démolition systématique dirigée par le littérateur Pascal. Valéry poursuit : « On a tant écrit sur lui, on l'a tant imaginé et si passionnément considéré qu'il en est devenu un personnage de tragédie, un acteur singulier et presque un « emploi » de la comédie de la connaissance. Certains jouent les Pascal. L'usage fait de lui une manière d'Hamlet français et janséniste, qui soupèse son crâne[1], crâne de grand géomètre et qui frissonne et songe, sur une terrasse opposée à l'univers. »

On serait tenté de se demander si « la jalousie atroce » dont Valéry soupçonne Pascal ne joue pas ici un rôle. Mais plus sûrement, ne prendre en compte encore une fois que la première partie des *Pensées* c'est s'interdire d'en comprendre le dessein. L'évocation de la condition humaine qu'on y trouve n'est ni la vision d'un artiste soucieux de réaliser un chef-d'œuvre pathétique ni d'un misanthrope hypocondriaque prenant plaisir à humilier le genre humain. Elle sert à introduire la deuxième partie, la mise en valeur de la solution que seule la religion chrétienne propose à l'énigme qu'est l'homme. Nous l'avons dit dès notre introduction, à ne considérer qu'une étape du cheminement de Pascal on s'expose à ne pas comprendre son voyage.

Contre cette vision devenue traditionnelle d'un écrivain obsédé maladivement par un gouffre, le catholique François **Mauriac** affirme au contraire :

> « Qu'a-t-on parlé du génie tremblant et terrifié de Pascal ? Car quel homme a mieux connu le paisible amour ? Il semble que lui ait été épargnée toute nuit obscure des mystiques*. À aucun autre cœur Dieu ne fut plus sensible. Pascal échappe au plus sombre du jansénisme, parce qu'il se sait préféré, il se sait choisi… »

Toujours les pleurs de joie signalés par le mémorial…

1. Allusion à un célèbre passage d'*Hamlet* où le prince danois imaginé par Shakespeare médite sur un crâne dans un cimetière et, plus généralement, se promène sur la terrasse du château d'Elseneur, face à la mer.

Après la deuxième guerre mondiale, les historiens de la philosophie reconnaissent en Pascal une façon d'existentialiste, après avoir noté qu'il réfléchit toujours concrètement à partir de l'expérience vécue dans l'existence quotidienne. Voici quelques-uns de leurs arguments.

Pour Pascal, tout ce qu'on peut dire de l'énigme « homme » c'est qu'il est là, qu'il existe. Il est d'abord une existence indéterminée, une présence au monde immense. Il doit chercher la lumière sur sa nature au-dedans de lui et non pas dans l'univers. L'angoisse pascalienne est la façon dont il prend conscience qu'au milieu d'un monde qui le détermine complètement, il lui reste son existence et sa liberté. Sa liberté, c'est son libre-arbitre. Exister, c'est être libre.

La plupart des thèmes présents dans la première partie des *Pensées* sont des thèmes que reprendra l'existentialisme. L'ennui, au sens fort du dossier IV, annonce la nausée qui saisit Antoine Roquentin dans le roman de **Sartre** qui porte ce titre. L'idée que nous sommes embarqués et devons prendre parti pour ou contre l'existence de Dieu apparaît dans la littérature moderne et s'exprime par exemple dans la notion de huis clos chère à Sartre ou dans le *Discours de Suède* de **Camus**[1]. On trouve aussi dans les œuvres des existentialistes la présence de l'angoisse, expérience fondamentale de l'homme devant ce qu'il découvre de sa condition, angoisse identique provoquée soit par le néant de la mort soit par l'immensité de sa liberté qui lui donne le vertige. L'ambiguïté de sa misère indissolublement liée au sentiment de sa grandeur provoque la conscience que Sartre appelle le « néant ».

À la même époque, le **marxisme** s'intéresse à l'écrivain et dénonce dans les *Pensées* une analyse sociale partielle et contes-

1. Les *Carnets* de Camus contiennent ce bref et vibrant hommage : « Pascal le plus grand de tous, hier et aujourd'hui ».

table. Il voit dans l'œuvre « la plus sinistre entreprise de démoralisation et de décomposition de l'humain qui ait jamais été tentée : l'existentialisme contemporain n'en est que la caricature » (Henri Lefebvre). Il est clair que « les lendemains qui chantent » chers aux marxistes ne sont pas ceux de Pascal.

Troisième partie

Entraînement à l'examen

Sujets

N.B. Chaque fois qu'il est indiqué ci-dessous *Les Pensées*, il s'agit des fragments au programme, 11 à 129.

I. Questions spécifiques sur les *Pensées*

1. **Comment la satire de la société est-elle présentée ?**
2. **Vous étudierez le personnage du monarque dans** *Les Pensées*.
3. **Quelles sont les formes du jeu qui apparaissent dans** *Les Pensées* **?**
4. **Analysez les différents plaisirs des gentilshommes.**
5. **Étudier les aspects de la guerre.**
6. **Quel rôle le cœur joue-t-il dans** *Les Pensées* **?**
7. **Quel regard Pascal porte-t-il sur le peuple ?**
8. **Les** *Pensées* **au programme suscitent-elles le désespoir ?**
9. **Quel regard Pascal porte-t-il sur la science dans** *Les Pensées* **?**
10. **Quelles sont les différentes formes de concupiscence présentes dans** *Les Pensées ?*

II. Questions générales

1. **Peut-on dire des** *Pensées* **qu'elles sont « le roman de l'odyssée de la conscience humaine » (M. Le Guern) ?**
2. **Au « sot projet qu'il [Montaigne] a eu de se peindre », d'après Pascal, Voltaire rétorque qu'il s'agit plutôt d'un « charmant projet ». Les** *Pensées* **vous paraissent-elles une œuvre autobiographique ?**
3. **Pascal vous paraît-il un révolutionnaire ou un conservateur dans le domaine de la morale ?**

4. **Si Pascal avait mené à bien son apologie, auriez-vous envie de la lire ? Dites pourquoi.**
5. **Pascal vous paraît-il avoir répondu au conseil de Socrate, « Connais-toi toi-même » ?**
6. **Dans les *Pensées*, Pascal vous paraît-il plutôt un savant ou plutôt un philosophe ?**
7. **Pensez-vous comme un critique contemporain que « Pascal est avant tout poète » ?**
8. **« On ne devrait lire que des livres qui vous mordent et vous piquent. Un livre doit être la hache qui brise en nous la mer gelée ». Comment cette phrase de Kafka vous semble-t-elle s'appliquer aux *Pensées* ?**
9. **Comment Pascal distingue-t-il « ignorer », « savoir », « croire » ?**
10. **Pascal, dans les *Pensées*, vous paraît-il être notre contemporain ?**

Essai de réponse à la question spécifique n° 2

Vous étudierez le personnage du monarque dans *Les Pensées.*

Introduction

L'image olympienne de Louis XIV, dont le règne s'étend de 1661 à 1715, a occulté les soubresauts qui ont marqué la monarchie française durant les deux régences de Marie de Médicis et d'Anne d'Autriche, que Pascal a connues (voir notre présentation historique). Aussi l'image du roi est-elle assez contrastée dans les *Pensées.*

I. Faiblesse et nécessité de la monarchie

« Bien souvent la seule raison n'est juste en soi, tout branle avec le temps. La coutume fait toute l'équité, par cette seule raison qu'elle est reçue » (56)

1. Les fondements de la monarchie héréditaire

Un principe absurde a priori : « On ne choisit pas pour gouverner un vaisseau celui qui est de la meilleure maison » (28)

Un principe reposant sur l'assentiment et le consentement du peuple. « La puissance des rois est fondée sur la raison et la folie du peuple, et bien plus sur la folie » (24).

2. Un ordre politique non rationnel mais nécessaire

Pour éviter le plus grand des maux, la guerre civile, la Fronde qui a marqué Pascal. « Le plus grand des maux est la guerre civile » (87)

Pour préserver l'équilibre social. « De là vient l'injustice de la Fronde, qui élève sa prétendue justice contre la force » (78)

Transition

« Ne pouvant faire qu'il soit obligé d'obéir à la justice, on a fait qu'il soit juste d'obéir à la force ».

II. Faiblesse et grandeur du monarque

1. Faiblesse de l'homme

Comme tout le montre, le roi est l'objet de passions :

La passion amoureuse. « Le nez de Cléopâtre, s'il eût été plus court, toute la face du monde eût été changée » (392).

La vanité. « Car qui se trouve malheureux de n'être pas roi sinon un roi dépossédé » (108)

Le jeu. « Qu'on en fasse l'épreuve, qu'on laisse un roi seul sans aucune satisfaction des sens, sans aucune raison dans l'esprit, sans compagnies, penser à lui tout à loisir, et l'on verra qu'un roi sans divertissement est un homme plein de misères » (127). Cf. page 77 de cet ouvrage.

2. Grandeur du monarque

a. Le primat de la force. « C'est ainsi que nos rois n'ont pas cherché ces déguisements. Ils ne se sont pas masqués d'habits extraordinaires pour paraître tels. Mais ils se sont accompagnés de gardes… » (41)

b. Le primat de la croyance. « Il est dangereux de dire au peuple que les lois ne sont pas justes, car il n'y obéit qu'à cause qu'il les croit justes » (62).

Conclusion

Ainsi, pour Pascal, le roi est-il davantage un personnage nécessaire à l'équilibre politique du corps social qu'un monarque absolu de droit divin. Il est vrai que les Jansénistes sous le règne de Louis XIV ont toujours été méfiants à l'égard du culte de la personnalité royale. Dieu seul mérite d'être révéré et non pas un homme, si prestigieux soit-il, même s'il prétend que son pouvoir est de droit divin.

Essai de réponse à la question spécifique n° 4

Analysez les différents plaisirs des gentilshommes

Introduction

Dans la présentation de la société qui l'entoure, Pascal fait plusieurs fois référence aux divertissements favoris des gens de cour, en observateur attentif des mœurs de ses contemporains. Il n'est pas surprenant que la plupart de ces notations soient classées dans le dossier VIII, consacré précisément aux diverses façons dont l'homme cherche à se distraire.

Qu'y trouvons-nous ?

Des occupations dans le domaine purement physique, ancêtres de ce que nous appelons « **le sport** ». Ainsi le jeu de barres, dérivé d'un exercice militaire, réputé assez violent et exigeant adresse et force. Le fragment 36 parle de « suivre une balle », expression qui désigne sans doute une partie de paume, qui donnera naissance au tennis et au squash (cf. 468, un détail de la partie). L'attention requise de la part du joueur et des spectateurs accapare les yeux et l'esprit. Un autre plaisir, qui nécessite endurance à pied ou à cheval et adresse, est la chasse, passe-temps favori des nobles. « on court » le lièvre pour le viser du plus près possible. On débusque le sanglier avec des chiens infatigables à cette tâche, jusqu'à ce qu'on puisse tirer sur lui commodément. Le piqueur (note de l'auteur au fragment 126) intervient à cheval dans la chasse à courre le cerf.

Plus calmes sont **les jeux de société** : le billard, les cartes qui suscitent la passion des joueurs au point qu'ils y risquent de grosses sommes. Enfin d'autres plaisirs sont plus artistiques, comme la musique avec le luth et la danse que le jeune Louis XIV adorait. C'est le temps où l'on organise de magnifiques ballets que le roi danse, vêtu d'un somptueux costume. Le texte de Pascal n'en dit rien mais réduit cette forme de loisir à une contrainte mentale, un souci absorbant présenté de façon plutôt dédaigneuse : « ajuster ses pas, « mettre les pieds » où, quand et comme il faut. L'idée sera reprise en 527, dans l'énumération des occupations mondaines opposées à l'exercice de la pensée qui caractérise l'homme et lui confère sa dignité : « danser, jouer du luth, chanter, faire des vers, courir la bague[1], etc. » On voit que la poésie n'est pas épargnée. Il est vrai que s'il s'agit de poètes comme Oronte *(Le Misanthrope)* ou Trissotin (*Les Femmes savantes*), la littérature n'a pas perdu grand-chose.

Ceux qui n'ont pas de dons particuliers préfèrent les plaisirs de **la conversation**. Voilà un passe-temps fort intéressant, se dit le lecteur, en ce qu'il peut favoriser des échanges sur des su-

1. Jeu d'adresse à cheval qui consiste à enfiler une bague dans une lance.

jets sérieux, plus importants, et pourquoi pas, existentiels. Las ! Il s'agit seulement de « la conversation des femmes ». Émettons l'hypothèse que Pascal entend par là que le dialogue avec des interlocutrices est nécessairement frivole, superficiel, selon l'image stéréotypée de l'écervelée désireuse de se montrer dans les salons à la mode. C'est là un ressort très important de nos actions, l'orgueil qui nous pousse à faire parade de notre personne. À moins que la conversation avec une coquette ne prenne un tour galant et, pour lors, Pascal y verrait une manifestation de la passion amoureuse, capable de mettre en échec la raison.

Conclusion

On le voit, les loisirs des Grands sont l'exemple même de la conduite absurde des hommes, qui consiste à s'étourdir d'activité pour ne pas regarder en face la réalité. Faut-il s'en désoler ? Nullement, ce serait oublier que l'homme est ainsi fait, à mi-chemin de l'ange et de la bête. Le plaisir de la solitude est une chose incompréhensible, regrette pourtant Pascal, qui en a fait quelque temps l'expérience dans une cellule de Port-Royal des Champs.

Essai de réponse à la question générale n° 2

Les *Pensées* vous paraissent-elles une œuvre autobiographique ?

On repère de nombreuses marques de l'autobiographie dans la partie des *Pensées* au programme et dans l'œuvre entière. La présence d'un écrivain parlant à la première personne y est constante. La pensée 125 offre un exemple éloquent de réflexion sur soi : « Je sens que je puis n'avoir point été, car le moi consiste dans ma pensée ; donc moi qui pense n'aurais point été, si ma mère eût été tuée avant que j'eusse été animé… »

Derrière les constats sur les différents aspects de la société de son temps, apparaît le milieu où l'auteur a évolué, la noblesse de robe, cette classe intermédiaire d'administrateurs de rang élevé qui approchait les hauts fonctionnaires de l'État : chancelier, premier président, magistrats, juges aux cours royales. Pascal décrit de façon ironique le décor des palais de justice avec leur « appareil auguste », les robes rouges ornées d'hermine, les plaidoiries éloquentes des avocats. Les *Pensées* sont nourries de son expérience la plus concrète. On imagine l'écrivain à sa table de travail, chassant en été les mouches qui, d'après des spécialistes, ont laissé des traces sur ses feuilles de papier.

Même si la silhouette fugace des médecins gonflés d'importance sur leur monture appartient à la tradition satirique, la maladie dont a souffert Pascal est évoquée rapidement par deux fois (26 et 41) pour remarquer combien la douleur physique peut influer sur l'esprit et l'amoindrir. Le malade sait de quoi il parle, et aussi le savant qui s'est engagé dans la voie de l'exploration du monde puis a fait demi-tour, à la fois par contrainte physique (26) et du fait de son évolution spirituelle (21).

L'auteur s'exprime avec simplicité, comme s'il conversait avec son lecteur sur un ton familier. « J'ai dit souvent » (126) semble renvoyer à des conversations antérieures. Pourquoi pas avec Damien Mitton dont le nom est cité trois fois dans le recueil ?

Il avoue franchement qu'il n'a pas lu un ouvrage italien dont il ne connaît que le titre, qu'il cite de mémoire mais de façon erronée (41). Cette simplicité de ton est l'avantage du brouillon alors que les exigences de l'énonciation officielle, surtout dans l'esthétique littéraire classique, lui auraient fait prendre ses distances.

À travers les réflexions sur le fondement des lois, on retrouve l'homme qui a connu les désordres de la guerre civile et en a gardé un mauvais souvenir. Un détail montre qu'il a encore présent à l'esprit le discours des frondeurs parlementaires, leurs propos sont rapportés entre guillemets au fragment 56, même s'ils sont cités anonymement, peut-être en substance.

Les *Pensées* apparaissent bien comme la trace laissée par un mort de son cheminement personnel, de l'évolution de son âme, de son passage par les étapes du scepticisme et de la certitude rationnelle avant sa conversion à la religion de Jésus-Christ.

On aurait cependant du mal à rédiger une vie de Pascal à la lecture des *Pensées* au programme et même de l'édition complète. L'absence d'allusions à sa personne, à sa famille, à son histoire est totale. Au contraire, il prend soin de se fondre dans la masse de l'humanité. Le « nous » est encore plus fréquent que le « je ». C'est qu'il s'agit de décrire la condition humaine pour en montrer les limites effrayantes et proposer ensuite un moyen de salut. La mission d'apologiste qu'il s'est donnée l'amène à s'effacer dans la mesure où les questions qu'il soulève concernent tous les êtres humains et pas seulement lui-même. Par instants, emporté par sa force de conviction, Pascal s'exprime avec une pressante véhémence (« Écoutez Dieu ») qui n'a plus de rapport avec le genre de l'autobiographie. On est plutôt du côté des grands orateurs d'Église, qui considèrent le message sacré qu'ils sont chargés de délivrer comme beaucoup plus important que leur personne. L'humilité chrétienne pousse d'ailleurs dans ce sens.

Au total, on ne peut pas dire que les fragments au programme constituent une biographie personnelle. Certes, l'expérience humaine, sociale et religieuse de l'auteur y est tellement présente que par moments on pourrait le croire. C'est alors que le témoignage de celui qui parle se révèle indispensable pour appuyer la parole. Mais, pour l'écrivain qui disait : « Le moi est haïssable » parce qu'« il se fait centre de tout » et « voudrait être le tyran de tous les autres » (509), il n'est pas question de se montrer avec complaisance.

Essai de réponse à la question générale n° 10

Pascal, dans *Les Pensées*, vous paraît-il être notre contemporain ?

Introduction

Les grands écrivains appartiennent à leur siècle dont ils reflètent les questions majeures dans leurs œuvres, mais tout autant aux siècles qui les suivent et se les approprient. Qu'en est-il plus particulièrement de Pascal et des *Pensées,* qui ont suscité longtemps après sa mort confrontations, admirations et contestations ?

I. Un auteur et une œuvre datés

1. Un siècle très croyant

a. Omniprésence de l'Église et des questions religieuses au XVIIe siècle. Controverses après la Réforme et la Contre-Réforme, sur le péché originel, la prédestination, la grâce.

b. Querelle entre Jésuites et Jansénistes, comme toile de fond de l'œuvre pascalienne et les polémiques où Pascal s'est engagé ; *Les Provinciales.*

2. Un siècle de bouleversements divers

a. politiques. Voir les allusions de Pascal à la Fronde qui fit vaciller un temps la monarchie française.

b. scientifiques. Cf. les travaux scientifiques de Pascal en physique et en mathématiques, ses réalisations d'ingénieur. Remise en cause par les savants du monde stable et ordonné hérité d'Aristote. L'homme est saisi d'angoisse devant l'univers qui se révèle infini.

c. philosophiques. Réfutation par Pascal du rationalisme de Descartes. Voir notre « Fenêtre sur Pascal et Descartes ». Au dualisme de Descartes, Pascal oppose un système à trois éléments, le corps, l'esprit, le cœur, lequel permet aussi de connaître la vérité.

II. Une œuvre d'une actualité hors du temps

1. Des questions existentielles

a. La place de l'homme dans l'univers. « Quand je considère la petite durée de ma vie… le petit espace que je remplis et même que je vois, abîme dans l'immensité des espaces que j'ignore et qui m'ignorent, je m'effraie et m'abandonne ».

b. La nature de l'homme, incertaine et contradictoire (cf. 22). La présence du Mal absolu que le XXe siècle a connu avec une intensité jamais égalée (les deux guerres mondiales, les génocides). « Le mal est aisé, il y en a une infinité, le bien est presque unique » (469).

c. Les puissances trompeuses, l'imagination (41), la coutume (46), l'amour-propre (56).

2. Des diagnostics sagaces et d'une justesse permanente

a. Les formes de la concupiscence*, le désir de possession, le désir de puissance.

b. Les formes du divertissement, le jeu, la comédie sociale

c. Des fragments portant sur des questions sociales et politiques d'actualité.

Le conservatisme de Pascal s'explique par le fait que l'ordre social est construit sur des fondations non rationnelles et d'une équité discutable, mais que la volonté de tout changer est encore plus à craindre que les injustices invétérées. Cela n'empêche pas l'écrivain de s'interroger sur les causes de la guerre : « Pourquoi me tuez-vous ? – Eh quoi ! Ne demeurez-vous pas de l'autre côté de l'eau ? » (47). Et mettre en question les fondements de la propriété (60) : « Mien, tien. Ce chien est à moi, disaient ces pauvres enfants, « c'est ma place au soleil ». Voilà le commencement et l'image de l'usurpation de toute la terre ».

Conclusion

Ainsi, tout en étant un homme entièrement intégré dans son siècle, Pascal est aussi notre contemporain. Cela peut être soutenu sans passéisme. L'écrivain a célébré dans la préface au *Traité du vide* le progrès des connaissances scientifiques tout en affirmant son attachement au passé. En témoignent les nombreux auteurs qui, depuis Voltaire, ont dialogué avec les *Pensées*. Il serait donc présomptueux de penser, avec Antonin Artaud, que « les chefs-d'œuvre du passé sont bons pour le passé, ils ne sont pas bons pour nous ». Bien des chefs-d'œuvre d'autrefois se sont effacés de notre horizon littéraire. Ne restent que les authentiques génies. Pascal est un de ceux-là.

Lexique

Apologie : Discours ou écrit qui défend, justifie une personne ou une chose. Au sens le plus fort, éloge, glorification.

Ascétisme : Façon de vivre, pratiques d'abstinence, c'est-à-dire privation du superflu et même parfois du nécessaire, austérité extrême de la vie quotidienne, dans un but d'élévation spirituelle.

Casuistique : Partie de la morale qui a pour objet d'appliquer les principes aux situations concrètes de la vie réelle, et en particulier de résoudre les cas de conscience. Le mot a pris au XVIIe siècle, surtout avec le succès des *Provinciales*, un sens péjoratif, qui recouvre une argumentation viciée tendant à justifier n'importe quelle conduite discutable ou mauvaise. La casuistique serait une spécialité des pères jésuites, confesseurs des grands personnages.

Concupiscence : Pente de l'âme qui la porte vers la jouissance des biens sensibles et en particulier des désirs sensuels. Dans un sens péjoratif, c'est l'appétit déréglé de la volonté corrompue par le péché originel. Voir notre « Fenêtre sur la concupiscence » p. 62.

Déisme : Doctrine philosophique, très répandue au XVIIIe siècle, qui admet l'existence de Dieu, mais en tant qu'Être suprême aux attributs indéterminés, et qui ne fait référence ni à un dogme, ni à une révélation, ni à une Église organisée.

Épigramme : Court poème généralement terminé par un trait d'esprit railleur et/ou satirique.

Épistémologie : Discipline qui étudie les sciences, en établit de façon critique la valeur et la portée, en étudie l'histoire.

Essais : œuvre de Montaigne parue en 1580 puis rééditée en 1588, en trois livres. L'auteur y expose au fil des chapitres ses réflexions, à partir de son expérience personnelles et ses lectures. Il y aborde de très nombreuses questions dans les domaines philosophiques, politiques et religieux. Des *Essais* se dégagent un art de vivre, une morale, une pédagogie, en bref une sagesse qui a fait la célébrité de l'œuvre et son influence.

Hagiographie : genre littéraire qui consiste à écrire la vie d'un saint, de manière à édifier le lecteur.

Hérésie : Doctrine jugée contraire à la foi chrétienne et condamnée pour cela par l'Église. L'hérétique est celui qui adopte une hérésie.

Mystique : – substantif : Ensemble des processus spirituels par lesquels l'âme du croyant accède à la présence de Dieu ou du divin. La mystique permet d'atteindre le surnaturel grâce à une intuition supra-rationnelle.

Personne qui accède à de tels états de l'âme.

– adjectif : Qui caractérise un état où le croyant a le sentiment d'entrer en rapport direct avec Dieu, de communiquer avec Lui, en s'élevant au-dessus du réel.

Opuscules de piété : Courts ouvrages destinés à entretenir dans l'âme des croyants la foi, la charité, les vertus chrétiennes, les pratiques religieuses. Pascal a composé plusieurs opuscules de ce genre après 1654. On peut citer par exemple l'*Abrégé de la vie de Jésus-Christ*, l'*Écrit sur la conversion du pécheur*, la *Prière pour demander à Dieu le bon usage des maladies.*

Outrecuidance : Défaut qui consiste à se croire plus de talents ou de qualités qu'on en a réellement. Le synonyme de « outrecuidant » est « présomptueux ».

Panthéisme : Système philosophique selon lequel Dieu n'est pas un être personnel distinct du monde mais se confond avec la nature.

Parangon : Personne ou chose qui sert à mesurer une entité non matérielle tant il ou elle est parfaite dans ce domaine.

Pathétique : Qui provoque de vives émotions, douleur, pitié, tristesse ; qui exprime la souffrance.

Pragmatisme : Doctrine qui se préoccupe d'abord de l'aspect pratique, concret, des choses.

Transcendant : Qui est d'une nature absolument supérieure et d'un autre ordre que l'humanité. Dieu est par excellence l'Être supérieur à tous les autres êtres, qu'il a créés.

Bibliographie

L'œuvre

Nous avons utilisé la numération des fragments choisie par Michel Le Guern dans l'édition de Poche, indiquée par les textes officiels. On pourra consulter avec profit l'édition procurée par le même spécialiste dans la Bibliothèque de La Pléiade, tome II, 1998-2000.

Études

Plutôt que de recourir à des ouvrages critiques, les élèves ont intérêt à poursuivre la lecture des *Pensées*, au moins celle des 27 dossiers classés. Pour leur éviter de se perdre dans l'océan des ouvrages, études, articles, parus sur Pascal, signalons simplement :

Antoine Adam, *Histoire de la littérature française au XVII*e *siècle*, éditions del Duca. La partie sur Pascal se trouve au tome II, « L'époque de Pascal ».

Jacques Attali, *Blaise Pascal ou le génie français*, Fayard, 2000.

Albert Béguin, *Pascal par lui-même*, Le Seuil, 1952.

Lucien Goldmann, *Le Dieu caché. Étude sur la vision tragique dans Les Pensées de Pascal et le théâtre de Racine*, Gallimard, 1955.

Pierre Maynard, *Le Vocabulaire de Pascal*, dans la collection « Vocabulaire de… », Ellipses, 2001.

Jean Mesnard, *Pascal, l'homme, l'œuvre*, Boivin, 1951.

Jean Mesnard, *Les Pensées de Pascal*, CDU-SEDES, 1993.

Signalons enfin une curiosité,

Le Manuscrit des Pensées de Pascal, Les Libraires associés, 1962.

Il s'agit de la reproduction photographique des fragments originaux.

Table des matières

Deuxième partie
Étude de l'objet du débat

Troisième partie
Entraînement à l'examen

CPI Aubin Imprimeur
LIGUGÉ

Achevé d'imprimer en décembre 2008
Dépôt légal décembre 2008 / N° d'impression L 72664
Imprimé en France